メカニズムデザインと意思決定のフロンティア

坂井豊貴 編著

慶應義塾大学出版会

編者まえがき

　2013年度に慶應義塾大学経済学部・経済学研究科において，未来先導チェアシップ講座「意思決定とメカニズムデザインのフロンティア」を開催した．この講座は連続講義から成り，当該分野の第一線で活躍する外部講師を招いて行われた．本書はそれら講義を教材化し成書としたものである．書名が講座名とは逆に「メカニズムデザインと意思決定のフロンティア」の語順になっているのは，ごく単純に，当初の予定より多くメカニズムデザインの原稿が集まったという理由による．

　メカニズムデザインが何であるかは，本書の中身をざっと眺めていただければ分かるだろう．それはミクロ経済学やゲーム理論の知見に基づき，市場システムや投票方式などの諸制度を性能よく作り直していこうとする学知の方向性である．有名な例には周波数オークションがあり，これは実際に多くの国で開催され，中には何兆円単位の収益を上げたものもある．そして意思決定理論は文字通り，人間の意思決定や選択を考察する，経済学の基礎理論である．

　まずは編者である私の意図を説明しておこう．ミクロ経済学やゲーム理論などと同様に，メカニズムデザインや意思決定理論に関する知識生産の発表は，残念ながら「普遍語」の英語でなされるのが常となっている．これは当然ながら日本への知識の普及を遅らせる効果を強く持つ．そこで「現地語」の日本語で，少ないタイムラグで知識を普及することができないだろうか．いささかの野心を込めて言えば，知識生産の発表はどうせ難しい論文で行われるのだから，より平易に説明したものを早めに日本語で公刊すれば，先に日本社会のほうで知識が普及するということになりはしないか．読むに値する日本語を書くことは，容易とまでは言わないが，不可能なことではない．

　それゆえ私はこれまで日本語で自分の学問分野を発信することを，ある時期から自身の活動として重視してきた．グローバル化は時代の大きな流れで

あり，抵抗してどうにかなるものではないだろう．しかし適切な対策は取るべきであり，自分にとって日本語の書籍を刊行するとはそのような行為であった．それをときに，対策というより適応の一種だと感じることがあるにせよ，である．

今回のチェアシップ講座の開催に際してはそうした考えから，本書を公刊することを企画の初期段階から強く意識していた．この講座は「国際的にきわめて水準の高い講師」を招くものとされており，その条件と本書の作成に適合する方々に講演と執筆を依頼した．

まず私は組み合わせオークションが講義内容に含まれるべきだと考えた．日本は周波数オークションを行っていないきわめて珍しいOECD加盟国であり，今後の導入が大きな課題となっている．周波数オークションは組み合わせオークションの一種であり，その知識を普及する必要性は高い．特に，デザインの新しい方針であるコア選択オークションを扱うことは大切である．そこで講師として真っ先に思いついたのが現在，京都大学助教授を務める佐野隆司氏だ．幸いにもその頃，佐野氏が慶應義塾を訪れる機会があったので，直接依頼したところ快諾を得た．第2章の論考がその講義に対応している．

コア選択オークションを理解するためには，より基礎的なVCGオークションについて学んでおく必要がある．そこで佐野氏の講義の前に私が，VCGオークションを特殊ケースとして含むグローヴスメカニズムの講義を行った．第1章がそれにあたる．グローヴスメカニズムは重要性の割に丁寧な解説が与えられることが殆ど無いので，この章にも第2章の準備として以上の価値があることを期待している．

第3章は国債オークションの解説である．国債オークションは，コア選択オークションやVCGオークションともまた異なる，独自のデザインの方針が求められる．そして日本国債の発行において，オークション方式の変更は，今後議論が深まるべきものだ．この章を書いたのは私と，執筆時は私の学部研究会生で現在は日本銀行に勤務する池邉暢平君である．連続講義では時間の制約上，国債オークションを扱えなかったため，この章で議論の要点をまとめておくことにした．

第4章は東京大学特任講師の田村彌氏によるコミュニケーション戦略のデザインに関する論考である．ここでは不確実性下で成功確率の高い説得とはいかなるものかがゲーム理論の枠組みで論じられる．前章までの議論は優れた制度を作るというものだが，この章は優れた戦略を策定するという趣が強い．田村氏は私のかつての教え子だが，今回は全面的に教えていただく機会に恵まれた．

連続講義では意思決定理論も扱っているが，大雑把に言えばメカニズムデザインは「人々の戦略的行動を考慮したうえで制度を作る」を，意思決定理論は「人がどう判断するか，どう判断すればよいか」を考察するものだ．これら両方を連続講義で扱ったのは内容に膨らみを持たせるためであり，第5-6章がそれにあたる．

まず第5章は甲南大学教授の柘植隆宏氏による実験研究の概要を紹介している．環境保全に対していくらまでのお金を払うか，人々が熟議を行ったうえでの意思決定を，多数決と満場一致ルールという異なる集約ルールのもとで比較検討している．経済学では意思決定者の判断は所与として扱われることが多いが，本章ではそれが熟議によりどう変化するかをも考察の対象としている．おそらく本書の読者にはメカニズムデザインや意思決定理論に関心を持つ方が多いと思われるが，環境経済学はそれら理論との相性が非常によい学問分野であることを，この機に是非知っていただきたい．

続く第6章はグラスゴー大学アダム・スミス・ビジネススクールの林貴志教授による意思決定理論の講義の概要である．読者の中にはご存じの方も多いかと思うが，同氏は私の世代を代表する経済理論家で，意思決定理論についての世界的エキスパートである．今回は林氏が日本へ一時帰国する機会に，意思決定理論の基礎と新展開について集中講義をお願いした．

最終章である第7章は本書で唯一，マッチング理論に関するものである．講師としてノースウエスタン大学ケロッグ・ビジネススクールのジェームズ・シュマー准教授を招聘し，同氏が近年パイオニア的な貢献を果たしている空港到着枠のマッチング問題について講義を行っていただいた．マッチング理論は学校選択制，研修医配属，腎移植など，これまで経済学で扱う対象と見なされていなかったようなテーマで大きな成果を上げている．空港到

着枠の割り当てもそうしたテーマの仲間入りであろう．この章は，シュマー氏の講義の一部を，私と大谷秀平君がまとめたものである．大谷君は執筆時には私の学部研究会生で，現在は修士課程に進学している．シュマー氏のモデルはかなり複雑で難度が高いが，この章では例を用いた簡単な紹介を行った．

　最後に謝辞を述べたい．チェアシップ講座の開催と本書の公刊は，野村證券株式会社からいただいた寄付金が原資となっている．同社からの寛大かつ多大なご支援に深く感謝の意を表する．経済学部長の中村慎助教授は同講座の実現にご尽力いただいた．経済学部長秘書の堀田麻由子氏は様々な事務作業を一手に引き受けてくださった．私の研究室の修士課程院生である岡本実哲君は原稿チェックを含む様々な研究補助を行ってくれた．慶應義塾大学出版会の喜多村直之氏は本書の作成に大変な熱意を持って取り組んでくださった．小室正紀教授は私と同出版会との縁を取り持ってくださった．そして連続講義はハイレベルであったにも関わらず，多くの学部生を含む塾生諸君がきわめて熱心に受講してくれた．以上の方々に厚く感謝申し上げる．

2014年4月

坂井豊貴
慶應義塾大学経済学部教授

目　次

編者まえがき　i

第1章　グローヴスメカニズム　1
坂井豊貴

1　はじめに　1
2　メカニズムデザイン　3
　2.1　準線形環境　3
　2.2　メカニズム　3
　2.3　耐戦略性とグローヴスメカニズム　5
　2.4　ピボタルメカニズム　9
3　公理的特徴付け　11
　3.1　準備　11
　3.2　ホルムストロームの定理　13
4　おわりに　15

第2章　コア選択オークション　17
佐野隆司

1　はじめに　17
2　モデル　21
3　VCGメカニズムとコア配分の関係　25
4　コア選択オークションの均衡　31
　4.1　完備情報下のナッシュ均衡　31
　4.2　コア選択オークションと均衡同値性　37
　4.3　不完備情報の均衡分析　38
5　おわりに　39

v

第3章　国債オークション　43

池邉暢平・坂井豊貴

1 はじめに　43
2 国債市場の中身　45
　2.1 国債市場　45
　2.2 国債の種類　46
　2.3 発行市場の詳細　47
3 オークション方式の検討　53
　3.1 国債オークションの特徴　53
　3.2 様々な方式　54
4 おわりに　60

第4章　最適シグナル　63

田村　彌

1 はじめに　63
2 例　65
3 2つのアプローチ　69
　3.1 メカニズムデザインアプローチ　69
　3.2 ビリーフデザインアプローチ　72
4 情報提供者がコントロールできない情報がある場合　78
　4.1 BCEアプローチ　79
　4.2 ビリーフデザインアプローチを用いた解法　84
5 応用　86
　5.1 広告情報のコントロール　86
　5.2 価格差別とセグメンテーション　91
6 おわりに　96

目 次

第5章　表明選好法と熟議型貨幣評価　99

柘植隆宏

1　はじめに　99
2　環境の価値と評価手法　100
　2.1　環境の価値　100
　2.2　環境評価手法　101
3　表明選好法　102
　3.1　仮想評価法（CVM）　102
　3.2　コンジョイント分析　106
4　表明選好法の前提を巡る議論　110
　4.1　前提の妥当性に対する疑問　110
5　熟議型貨幣評価（DMV）　115
　5.1　DMVの方法　115
　5.2　DMVの研究動向　116
6　おわりに　122

第6章　危険と不確実性のもとでの意思決定　129

林　貴志

1　はじめに　129
2　客観的期待効用理論　129
　2.1　危険態度　129
　2.2　期待効用表現：発見的構成法　130
　2.3　危険選好の期待効用表現　133
　2.4　期待効用表現の公理的特徴付け　133
　2.5　独立性と動学的整合性　136
　2.6　多段階くじの還元と帰結主義　137
3　主観的期待効用理論　139
　3.1　主観的信念の同定　139
　3.2　Savageの主観的期待効用理論　141
　3.3　Anscombe = Aumannの主観的期待効用理論　147

- 4 信念の曖昧さ　151
    - 4.1 Ellsbergの逆理　151
    - 4.2 非加法的主観的期待効用理論　152
    - 4.3 multiple-priors主観的期待効用　153
    - 4.4 2階の信念と曖昧さ回避　154
- 5 情報と信念　155
- 6 信念の改訂　159
    - 6.1 ベイズ改訂と動学的整合性　159
    - 6.2 曖昧な信念の改訂　162

第7章　空港到着枠の再編成マッチング　167

大谷秀平・坂井豊貴

- 1 はじめに　167
- 2 到着スケジュールの組み替え　167
- 3 コンプレッション・アルゴリズムとコア　172
- 4 トレード・サイクル・アルゴリズム　176
- 5 おわりに　182

索　引　185

第1章
グローヴスメカニズム

坂井豊貴

1 はじめに

メカニズムデザインは，人々のインセンティブを入念に考慮に入れたうえで，経済や政治に関する集団的決定の仕組みを作ろうとする学問分野である．論者により「メカニズムデザイン」の定義は少しずつ違うだろうが，大まかにはそのように言って差し支えないはずだ．経済なら市場的な決定の仕組み，政治なら投票的な決定の仕組みを考察することが多い．まずはもう少しこの学問分野の問題意識を述べておこう．

いま人々が集団で経済や政治に関わる決定を行う状況を考える．こうした状況では一般に，誰がどのように考えているか，何をどう評価するかといった選好に関する情報は，他者からは分からない．選好は各自が有する私的情報だからだ．もし誰かが別の人の選好を自信を持って推測したとしても，それが正しい保証はない．少なくともその正しさを立証するのはきわめて困難である．

しかし仲裁者の立場から適切な決定を行うためには正しい情報があったほうがよい．では直接人々に尋ねればよいかというと話はそう単純ではない．彼らにとって，正直に教えるのが得策だとは限らないからだ．これはインセンティブの問題である．そこでどうにか工夫を凝らして真の情報を引き出せないか．正直に教えるインセンティブをどうすれば与えられるか．これはメカニズムデザインの主要な問いのひとつであり，本章で扱うものである[1]．

では誰にとっても正直に自身の選好を表明することが，常に得策になっているような仕組み，メカニズムを作ることができるだろうか．メカニズムのその性質を**耐戦略性**という．耐戦略性を満たすメカニズムを設計するのは一般に容易でなく，環境によっては存在しないか，存在してもわずかしかない．しかし存在する場合には実用性が高く，そうでない場合でも他のメカニズムとの比較検討において非常に有用なことが多い．

金銭移転が可能で，かつ人々の選好が金銭について準線形である経済モデルを総称して準線形環境と呼ぼう．この環境は公共財供給や政治的選択やオークションなど多くの応用モデルを含んでいる．準線形環境で特に注目すべきなのが Groves（1973）が提案したグローヴスメカニズムというメカニズムのクラスであり，それらメカニズムは効率性と耐戦略性をともに満たす（Groves and Loeb 1975）．そして Vickrey（1961）が先駆的な考察を与えた第二価格オークションや，Clarke（1971）が導入した公共財供給メカニズムは，いずれもグローヴスメカニズムの一種である．

グローヴスメカニズム以外に効率性と耐戦略性を満たすものはあるか．答えを言うとそれは無い．Green and Laffont（1977）と Holmström（1979）らの結果を総括すると，一定の弱い条件のもとで，もしあるメカニズムが効率性と耐戦略性を満たすならば，それはグローヴスメカニズムである．これを効率性と耐戦略性によるグローヴスメカニズムの公理的特徴付けという．

つまり効率性と耐戦略性を求めるのならグローヴスメカニズムのうちどれかを採用せざるを得ない．その中に気に入ったものが無いならば効率性か耐戦略性の少なくとも一方を諦めねばならない．それほどまでにグローヴスメカニズムの定義は完璧である．

しかしグローヴスメカニズムの定義を理解するのは容易ではない．数学的

---

[1] ただし，価値があるのは「真の情報を引き出すこと」ではなく，真の情報によって「優れた決定を行うこと」である．また，「正直」自体の価値をここでは問うていない．間違いのある情報のもとであっても優れた決定ができればそれでよい．もし皆が嘘をついた結果として優れた決定ができるような仕組みがあれば，それはそれで上手くできている．本章のように真の情報を正直に引き出そうというのは素直なアプローチだと言えるだろう．そうでないアプローチは例えば坂井（2014）を参照せよ．そこでは大きな嘘がつけない仕組みの設計なども考察されている．

にはそう複雑な定義ではないが，その定義の必然性が分かりづらいのだ．そこで本章ではグローヴスメカニズムへの理解を助けるべく，その定義の必然性について解説する．効率性と耐戦略性を求める以上，メカニズムがあのような形状を取るのは自然なことなのだ[2]．

2 メカニズムデザイン

2.1 準線形環境

個人の集合を $I \equiv \{1, 2, \ldots, n\}$ で，選択肢の集合を A で表す．そして $i \in I$ が $a \in A$ に対して持つ金銭換算価値である**評価値**を，$v_i(a) \in \mathbb{R}$ で表す．そして $v : A \to \mathbb{R}$ を**評価関数**と呼ぶ．評価関数の全体からなる集合を $\mathbb{R}^A$ で表す．個人 i の**ドメイン**とは非空集合 $V_i \subset \mathbb{R}^A$ のことである．

評価関数プロファイルとその集合を

$$v = (v_i)_{i \in I} \in V = \times_{i \in I} V_i$$

により，ひとりの i を除く評価関数プロファイルとその集合を

$$v_{-i} = (v_j)_{j \neq i} \in V_{-i} = \times_{j \neq i} V_j$$

により表す．また，$v = (v_i, v_{-i}) \in V_i \times V_{-i} = V$ と記す．

各 $t_i \in \mathbb{R}$ により i の（ネットの）金銭移転額を表す．つまり $t_i \geq 0$ なら i はお金を受け取り，逆に $t_i \leq 0$ なら支払う．各 $i \in I$ は選択肢と金銭移転額の集合 $A \times \mathbb{R}$ の上に選好を持っており，準線形関数

$$U(a, t_i; v_i) = v_i(a) + t_i \quad \forall (a, t_i) \in A \times \mathbb{R}$$

により表される．

2.2 メカニズム

私たちは問題の仲裁者として物事を考える．真の評価関数プロファイル $v \in V$ が何かは知らない．しかし $v \in V$ を知っているとすれば，そのもとで

---

[2] 本章の内容をより詳しく扱った書籍として坂井（2014）の第1–2章を挙げておく．

何か優れた決定を A から行い，また人々の間での適切な金銭移転額を決めたいと考えている．どうやって v の情報を引き出すかという問いは一旦置いて話を進めよう．

決定関数を $d: V \to A$ により定めるが，この関数は各 $v \in V$ のもとで採用する選択肢 $d(v) \in V$ を選び取るものだ．次いで金銭移転関数を $t: V \to \mathbb{R}^I$ により定めるが，この関数は各 $v \in V$ のもとで人々の金銭移転額を

$$t(v) = (t_1(v), t_2(v), \ldots, t_n(v)) \in \mathbb{R}^I$$

と決めるものだ．決定関数 d と金銭移転関数 t のペア (d,t) を（直接）メカニズムと呼ぶ．

メカニズム (d,t) がパレート効率的であるとは，任意の $v \in V$ に対して，どのような

$$(a, m_1, m_2, \ldots, m_n) \in A \times \mathbb{R}^I$$

も条件

$$\sum_{i \in I} m_i = \sum_{i \in I} t_i(v) \tag{1}$$

$$U(a, m_i; v_i) \geq U(d(v), t_i(v); v_i) \quad \forall i \in I \tag{2}$$

$$U(a, m_j; v_j) > U(d(v), t_j(v); v_j) \quad \exists j \in I \tag{3}$$

を同時には満たせないことである．メカニズムがパレート効率的だと，結果 $(d(v), t(v))$ に対し，何か別の選択肢 a と個人間での金銭移転 $(m_1, m_2, \ldots, m_n)$ によって (1)，どの i にも損をさせることなく (2)，誰か j に得をさせること (3) ができない．つまりそのような改善の余地が無いほど上手く結果 $(d(v), t(v))$ が定まっているというわけだ．

さて，いまパレート効率性をメカニズム (d,t) に対し定義した．しかし実はこの条件は，次の補題が示すように，d の性質のみに依存している．

補題 1. メカニズム (d,t) がパレート効率的であることと，条件

$$\sum_{i \in I} v_i(d(v)) = \max_{a \in A} \sum_{i \in I} v_i(a) \quad \forall v \in V \tag{4}$$

が成り立つことは同値である．

証明． 選好の準線形性から容易に示せる．詳細は坂井・藤中・若山（2008）や坂井（2014）などにある． □

この補題はきわめて強力である．メカニズムにパレート効率性を満たさせるためには，d だけに着目してよいのだ．そこで補題1によりパレート効率性と同値と示された，次の条件を定めよう．決定関数 d が（決定）効率性を満たすとは，条件

$$\sum_{i \in I} v_i(d(v)) = \max_{a \in A} \sum_{i \in I} v_i(a) \quad \forall v \in V \tag{5}$$

が成り立つことである．以後の議論では，d を効率性を満たす決定関数としてひとつ固定する．これでパレート効率性を満たすという目標は実現できる[3]．問題はどのような t と組み合わせるかだ．

2.3 耐戦略性とグローヴスメカニズム

メカニズム (d,t) のもとで，任意の個人 $i \in I$ について考え，彼の真の評価関数を $v_i \in V_i$ だとする．すると他の人々が $v_{-i} \in V_{-i}$ を表明したときに，もし i が $v_i' \in V_i$ を表明したならば，i の準線形効用は

$$U(d(v_i', v_{-i}), t_i(v_i', v_{-i}); v_i) = v_i(d(v_i', v_{-i})) + t_i(v_i', v_{-i})$$

になる．これを念頭に置き，$v_i' = v_i$ とするのが得策であるという誘因両立性の条件を定めよう．

メカニズム (d,t) が**耐戦略性**を満たすとは，任意の $i \in I$，$v_i \in V_i$，$v_{-i} \in V_{-i}$，$v_i' \in V_i$ について

$$U(d(v_i, v_{-i}), t_i(v_i, v_{-i}); v_i) \geq U(d(v_i', v_{-i}), t_i(v_i', v_{-i}); v_i)$$

---

[3] 準線形環境を扱うメカニズムデザインの文献では，最初から（5）により効率性を定義することが非常に多い．しかしその定義自体は単なる数学的な最大化の要求であり，それが経済学的な意味を持つのは，補題1がパレート効率性との同値性を保証しているからだ．

が成り立つことである．つまり誰にとっても正直に自身の評価関数を表明するのがゲーム理論で言う（弱）支配戦略になっている．この性質が成り立っていると，問題の仲裁者が人々に「評価関数を教えてください」と聞くときに，「正直に教えるのが必ず得策ですよ」と説明することができる．人々がその説明に納得してくれたり，あるいは「これは数学的に証明されている」とか「偉い人が示した」などの権威を信頼してくれたりするなら，正直に評価関数を教えてくれることになる．こうすると仲裁者は正しい情報を引き出せるわけだ．

ところで実験研究のなかには，耐戦略性を満たすメカニズムのもとで実際に人々が正直に評価関数を教えるか調べるものがあり，そこでは正直申告をしない人の割合が結構いるという結果がよく出る．しかしそうした研究は，耐戦略性の説明をきちんと，信頼させるようにしていない．素人の被験者に説明なし（あるいはわずかの説明）で耐戦略性に気付けというのは無茶な話で，それは説明書なしで電化製品を与えるようなものだ．家電メーカーならそんな不親切はしないだろう．むしろ結構な割合の被験者が正直申告したという事実のほうが驚きである．今後のメカニズムデザイン研究では丁寧な説明書の書き方が大きなテーマになるだろう[4]．

話を戻そう．ではいったい，そのように正しく情報を引き出せる，都合のよい t は存在するのだろうか．果たして t がどのような形状をしていれば (d,t) は耐戦略性を満たせるのか．まずは単純な発想から始めよう．そもそも d は効率性を満たすので，その性質を援用して (d,t) の耐戦略性を獲得できないか．そこでいま任意の個人 $i \in I$ について，t_i が

$$t_i(v) = \sum_{j \neq i} v_j(d(v)) \quad \forall v \in V \tag{6}$$

だとしよう．

このとき任意の $v \in V$ について，効率性より

---

[4] 筆者は現在，芹澤成弘氏，舛田武仁氏，若山琢磨氏らとそのような実験研究を進めている．実験結果の速報だが，耐戦略性の説明を被験者にすると，正直申告の割合は一気に高まる．詳細は今後，論文として発表する．

$$U(d(v), t_i(v); v_i) = v_i(d(v)) + \underbrace{\sum_{j \neq i} v_j(d(v))}_{=t_i(v)}$$

$$= \sum_{j \in I} v_j(d(v))$$

$$= \max_{a \in A} \sum_{j \in I} v_j(a) \tag{7}$$

が成り立つ．

一方で任意の $b_i \in V_i$ と $v_{-i} \in V_{-i}$ について

$$U(d(b_i, v_{-i}), t_i(b_i, v_{-i}); v_i) = v_i(d(b_i, v_{-i})) + \underbrace{\sum_{j \neq i} v_j(d(b_i, v_{-i}))}_{=t_i(b_i, v_{-i})}$$

$$= \sum_{j \in I} v_j(d(b_i, v_{-i}))$$

$$\leq \max_{a \in A} \sum_{j \in I} v_j(a) \tag{8}$$

が成り立つ．

よって (7) と (8) から，任意の $b_i \in V_i$ と任意の $v_{-i} \in V_{-i}$ について

$$U(d(v), t_i(v); v_i) \geq U(d(b_i, v_{-i}), t_i(b_i, v_{-i}); v_i)$$

が従う．これは (d, t) が耐戦略性を満たすことを意味する．つまり耐戦略性を満たすメカニズムがひとつ作れたわけだ．

もう一度言おう．もし t が

$$t_i(v) = \sum_{j \neq i} v_j(d(v)) \quad \forall v \in V$$

であれば，(d, t) は耐戦略性を満たす．では他にはないか．そこで次に，何でもよいので定数 $H \in \mathbb{R}$ について，t が

$$t_i(v) = \sum_{j \neq i} v_j(d(v)) + H \quad \forall v \in V$$

ならどうかと考えると，やはりそのときも (d,t) は耐戦略性を満たす．これは当然と言えば当然で，そのとき

$$U(d(v), t_i(v); v_i) = \max_{a \in A} \sum_{j \in I} v_j(a) + H$$
$$\geq \sum_{j \in I} v_j(d(b_i, v_{-i})) + H$$
$$= U(d(b_i, v_{-i}), t_i(b_i, v_{-i}); v_i)$$

が成り立つからだ．

そこで更に，各 $v_{-i} \in V_{-i}$ について定数 $h_i(v_{-i})$ を何でもよいので定めて

$$t_i(v) = \sum_{j \neq i} v_j(d(v)) + h_i(v_{-i}) \quad \forall v \in V \tag{9}$$

ならばどうだろう．このときもやはり

$$U(d(v), t_i(v); v_i) = v_i(d(v)) + \underbrace{\sum_{j \neq i} v_j(d(v)) + h_i(v_{-i})}_{=t_i(v)}$$
$$= \max_{a \in A} \sum_{j \in I} v_j(a) + h_i(v_{-i})$$
$$\geq \sum_{j \in I} v_j(d(b_i, v_{-i})) + h_i(v_{-i})$$
$$= v_i(d(b_i, v_{-i})) + \underbrace{\sum_{j \neq i} v_j(d(b_i, v_{-i})) + h_i(v_{-i})}_{=t_i(b_i, v_{-i})}$$
$$= U(d(b_i, v_{-i}), t_i(b_i, v_{-i}); v_i)$$

が成り立つ．つまり t が (9) のような形状をしている限り耐戦略性は成り立つわけだ．

以上のアイデアに基づきグローヴスメカニズムの定義を与えよう．メカニズム (d,t) がグローヴスメカニズムであるとは，d が効率的であり，また任

意の $i \in I$ について，ある関数 $h_i : V_{-i} \to \mathbb{R}$ が存在して

$$t_i(v) = h_i(v_{-i}) + \sum_{j \neq i} v_j(d(v)) \quad \forall v \in V \tag{10}$$

を満たすことである．つまりこのような関数形で書けるというのがグローヴスメカニズムであることの条件である．

そして h_i の作り方は無数にあるのでグローヴスメカニズムも無数に存在する．しかしそれらはいずれも（10）の形状を共有する点で類似している．そしてまた何か他の条件を追加的に求めると，それらのうちわずかしかその条件を満たさないことが多い．

以上，これまでの議論ではグローヴスメカニズムの定義を天下り式に与えるのではなく，耐戦略性を満たすためにはメカニズムの定義はどうあればよいかを考えてきた．そしてこの議論はグローヴスメカニズムが耐戦略性を満たすことの証明になっている．それをここで効率性の充足と合わせ，定理としてまとめて述べておこう．

定理 1. あらゆるグローヴスメカニズムは効率性と耐戦略性を満たす．

2.4 ピボタルメカニズム

ここではどのような h_i の形状が望ましいかという問いを考える．この問いへの答えは環境により異なるが，ここではひとつ，ピボタルメカニズムという汎用性の高いものを与えておこう．

第2.3項では議論を開始するにあたり

$$t_i(v) = \sum_{j \neq i} v_j(d(v)) \quad \forall v \in V \tag{11}$$

と置き，(d,t) が耐戦略性を満たすことを確認していた．そしてその後

$$t_i(v) = \sum_{j \neq i} v_j(d(v)) + h_i(v_{-i}) \quad \forall v \in V \tag{12}$$

と置いてもやはり (d,t) が耐戦略性を満たすことを確認したのであった．

では，(11) をそのまま使っていけない理由は何なのだろうか．それでも効率性と耐戦略性を満たすからよいではないか．しかしそうはいかない．というのは，多くのケースでは $\sum_{j \neq i} v_j(d(v)) > 0$ が頻繁に成り立つからだ．つまり i ひとり程度を除いても他者の便益の和が正になる，よって $t_i(v) > 0$ になる，i はお金を受け取るというわけだ．これだと仲裁者が皆にお金をあげることになる．そんな予算は普通ない．よって h_i が何かマイナスの値を取るよう調整する必要が出てくる．

そこで任意の $i \in I$ について

$$h_i(v_{-i}) = -\max_{a \in A} \sum_{j \neq i} v_j(a) \quad \forall v_{-i} \in V_{-i}$$

と定めてみよう．すると

$$t_i(v) = \sum_{j \neq i} v_j(d(v)) - \max_{a \in A} \sum_{j \neq i} v_j(a) \quad \forall \in V$$

になっている．当然ながら定義的に

$$\sum_{j \neq i} v_j(d(v)) \leq \max_{a \in A} \sum_{j \neq i} v_j(a) \quad \forall v \in V$$

が成り立つので $t_i(v)$ は必ずゼロ以下の値である．つまりこのように h_i を設定すると，i はお金を受け取るのではなく支払うことになる．こうして定義されたメカニズム (d,t) をピボタルメカニズムと言う（Clarke 1971）．当然だが，ピボタルメカニズムはグローヴスメカニズムの一種なので効率性と耐戦略性を満たす．

ピボタルメカニズムの応用先として組み合わせオークションを考えよう．いま X をオークションで売られる有限個の財の集合とする．そして配分 $x = (x_1, x_2, \ldots, x_n)$ とは，各 x_i を i の買い物と解釈すると

$$x_i \subset X \quad \forall i \in I$$

$$x_i \cap x_j = \emptyset \quad \forall i, j \in I$$

を満たす，X の互いに疎な（空でありえる）部分集合の組み合わせのことである．そして A を配分の集合とすると，X が有限なので A も有限である．

各 $i \in I$ の評価関数 $v_i : A \to \mathbb{R}$ は条件

$$x_i = y_i \implies v_i(x) = v_i(y) \quad \forall x, y \in A \quad \text{（財は私的財）}$$

$$x_i = \emptyset \implies v_i(x) = 0 \quad \forall x \in A \quad \text{（空箱の便益はゼロ）}$$

$$v_i(x) \geq 0 \quad \forall x \in A$$

$$x_i \subset y_i \implies v_i(x) \leq v_i(y) \quad \forall x, y \in A$$

を満たすものとする[5]．これら条件を満たす評価関数の集合を V_i で表す．

このときメカニズム (d, t) は組み合わせオークションの方式を表すが，ここでのピボタルメカニズムを特にVCGオークション，またはVCGメカニズムと呼ぶ．ピボタルメカニズムは $t_i(v) \leq 0$ を常に満たすわけだが，これはオークションで入札者 i がお金を（貰うのではなく）支払うことを意味しており自然である．

3 公理的特徴付け

3.1 準備

これからグローヴスメカニズムの公理的特徴付けの概要を紹介する．そこで（グローヴスメカニズムとは限らない）任意のメカニズム (d, t) について考えよう．そして $i \in I$ について，関数 $h_i : V \to \mathbb{R}$ を

$$h_i(v) = t_i(v) - \sum_{j \neq i} v_j(d(v)) \quad \forall v \in V$$

により定義する．

これから一旦 $i \in I$ と $v \in V$ を固定して考える．そして「最大化問題の解としての正直申告」という点から耐戦略性と効率性を理解していこう．

---

[5] これらの条件は基本的なもので，他にも条件を考えることはできる．例えば第2章では代替性など他の条件を扱っている．

まず h_i の定義から，どのような $b_i \in V_i$ についても

$$U(d(b_i, v_{-i}), t_i(b_i, v_{-i}); v_i) = \sum_{j \in I} v_j(d(b_i, v_{-i})) + h_i(b_i, v_{-i}) \qquad (13)$$

が成り立つ．そして（13）を $b_i \in V_i$ を変数とする関数としてみてみよう．すると耐戦略性は，v_i がこの関数の最大化問題の解となるという条件であることが分かる．

そしてまた $b_i \in V_i$ を変数とする関数

$$\sum_{j \in I} v_j(d(b_i, v_{-i})) \qquad (14)$$

をみてみよう．すると効率性から

$$\sum_{j \in I} v_j(d(v_i, v_{-i})) = \max_{a \in A} \sum_{j \in I} v_j(a) \geq \max_{b_i \in V_i} \sum_{j \in I} v_j(d(b_i, v_{-i}))$$

が得られる．つまり効率性は v_i が関数（14）の最大化問題の解となるという条件である．

ではふたつの「v_i が最大化問題の解となる」条件がともに成り立つためには，何がどうあらねばならないのか．ふたつの関数（13）と（14）の違いは h_i の項の有無だけである．もしこの $h_i(\,\cdot\,, v_{-i})$ が b_i から独立しているならば，つまり

$$h_i(b_i, v_{-i}) = h_i(b_i', v_{-i}) \quad \forall b_i, b_i' \in V_i \qquad (15)$$

ならば，h_i の項は定値となる．このときふたつの「v_i が最大化問題の解となる」条件はともに成り立つ．

式（15）が成り立つメカニズムとはグローヴスメカニズムに他ならない．前節で私たちはグローヴスメカニズムが効率性と耐戦略性を満たすことを知った．いまの議論は，効率性と耐戦略性を満たすメカニズムは，ひょっとするとグローヴスメカニズム以外には無いのではないかと推察させるものだ．この推察は多くの状況で正しい．次項でこの問題を扱う．

3.2 ホルムストロームの定理

個人 $i \in I$ のドメイン V_i が凸性を満たすとは,任意の $v_i, v'_i \in V_i$ と任意の $s \in [0,1]$ について,評価関数 $v_i^s : A \to \mathbb{R}$ を

$$v_i^s(a) = sv_i(a) + (1-s)v'_i(a) \quad \forall a \in A$$

により定めると,$v_i^s \in V_i$ となることである.通常の応用モデルでは凸性が成り立つことが多く,前節で扱った組み合わせオークションはその好例である.なお,組み合わせオークションでは A が有限集合であった.

次の定理は Holmström (1979) による結果を,やや一般性を落として述べたものだ[6].

定理 2. 全ての $i \in I$ について V_i が凸性を満たし,また A を有限集合とする.このときメカニズムがグローヴスメカニズムであることは,効率性と耐戦略性を満たすことの必要十分条件である.

この定理の厳密な証明には Holmström (1979, Appendix) に所収されている数学的補題を用いる必要がある.本章の証明ではその箇所を明示したうえで端折るが,なぜその補題に該当する箇所が成立するかは,本章のこれまでの議論に慣れた読者には直観的なものと思われる.

証明. これまでの議論でグローヴスメカニズムが効率性と耐戦略性を満たすことは分かっている.そこで逆に,効率性と耐戦略性を満たす任意のメカニズム (d, t) について考えよう.

まず任意の $b \in V$ について

$$h_i(b) = t_i(b) - \sum_{j \neq i} b_j(d(b))$$

と置く.

---
[6] Holmström (1979) はスムース連結性という,凸性より弱い条件を使ってグローヴスメカニズムの公理的特徴付けを行っている.しかし通常の経済モデルでは凸性が成り立つことが多く,実用上は凸性を考えるだけで十分と思われる.

そして任意の $i \in I$ と任意の $v_{-i} \in V$ について考える．これから任意の $v_i, v_i' \in V_i$ について

$$h_i(v_i, v_{-i}) = h_i(v_i', v_{-i})$$

が成り立つことを示せれば，(d,t) はグローヴスメカニズムだということになる．

そこで任意の $s \in [0,1]$ について，評価関数 $v_i^s : A \to \mathbb{R}$ を

$$v_i^s(a) = s\, v_i(a) + (1-s)\, v_i'(a) \quad \forall a \in A$$

により定義すると，凸性より $v_i^s \in V_i$ となっている．

関数 $f: [0,1] \times [0,1] \to \mathbb{R}$ を

$$f(p, s) = \sum_{j \neq i} v_j(d(v_i^p, v_{-i})) + v_i^s(d(v_i^p, v_{-i}))$$

により定義する．

まず効率性より任意の $s \in [0,1]$ について

$$f(s, s) = \max_{p \in [0,1]} f(p, s)$$

が成り立つ．そして耐戦略性より任意の $s \in [0,1]$ について

$$f(s, s) + h_i(v_i^s, v_{-i}) = \max_{p \in [0,1]} \left(f(p, s) + h_i(v_i^p, v_{-i}) \right)$$

が成り立つ．これらふたつの最大性が両立するためには $h_i(v_i^p, v_{-i})$ が全ての $p \in [0,1]$ について一定でなければならない．ただしこの主張は本来は厳密な証明が必要であり，その際に A の有限性を用いると理解が簡単になる[7]．いまそれを認めるとしよう．すると $p = 1, 0$ についてもそれぞれ $h_i(v_i^1, v_{-i}) = h_i(v_i^0, v_{-i})$ が成り立つ．そして $v_i = v_i^1$ かつ $v_i' = v_i^0$ なので，これは $h_i(v_i, v_{-i}) = h_i(v_i', v_{-i})$ を意味している． $\square$

---

[7] Holmström (1979, p. 1142) の補題にある条件 (iii) を仮定する必要がなくなる．この条件は直観的に分かりづらいが，A の有限性が条件 (iii) を直ちに含意してくれる．

4 おわりに

　広範の準線形環境において，効率性と耐戦略性を満たすメカニズムはグローヴスメカニズム以外には存在しない．その意味でグローヴスメカニズムの定義は可能性と不可能性の境界を完璧に指し示している．これについて筆者の考える今後の研究の方向性を二点述べて本章を終えよう．

　まず，グローヴスメカニズムの定義は選好が準線形であることにきわめて強く依存している．準線形性は所得効果の一切を除外する強い仮定であり，特にメカニズムデザインの実用化が始まっている現在においては真剣に外すことを考えるべきであろう．この点について Saitoh and Serizawa（2008）と Sakai（2008）は準線形性の仮定に依らない第二価格オークションを定義しその公理的特徴付けを与えている．この路線に属する現時点で最も一般性の高い結果は，Morimoto and Serizawa（2012）による，準線形性を仮定しない，複数の異質財が存在する単一需要のオークションモデルにおける，最小価格競争均衡の公理的特徴付けである．また Hashimoto and Saitoh（2010）は二択の選択問題で準線形性の仮定に依らないピボタルメカニズムの定義を与え，やはりそれに公理的特徴付けを行っている．

　次に，Green and Laffont（1977）と Holmström（1979）による公理的特徴付けが見事なせいか，効率性以外の条件に基づくグローヴスメカニズムの代替的な特徴付けがほとんど行われていない．もっと公平性に関する条件がグローヴスメカニズムとどのような関係にあるか広く考察がなされてよいのではないか．Ashlagi and Serizawa（2012）と Sakai（2013）は第二価格オークションを，公平性の条件と耐戦略性をもとに公理的特徴付けを行っている．Sakai（2013）は準線形性の仮定も落としてある．しかし他にこうした，例えば同様の結果がピボタルメカニズムに対して成り立つのかなど基本的なことも依然分かっていない．

　公平性を求めるのは人間の自然な心理であり，社会で広く受け入れられるためには公平なデザインを行う必要性が高い．メカニズムデザインが一躍脚光を浴びるようになったいまの時代においては，準線形性を外したうえで，公平性を念頭に置いたデザインを試みることがひとつの新たな潮流になるの

ではないだろうか．そのときグローヴスメカニズムはどこまで拡張できるのか，あるいは異なるアイデアが求められるのか，興味は尽きない．

【参考文献】
坂井豊貴（2014）『準線形環境におけるメカニズムデザイン』三菱経済研究所．
坂井豊貴・藤中裕二・若山琢磨（2008）『メカニズムデザイン——資源配分制度の設計とインセンティブ』ミネルヴァ書房．
Ashlagi, I. and Serizawa, S. (2012) "Characterizing Vickrey Allocation Rule by Anonymity," *Social Choice and Welfare*, Vol. 38, pp. 531–542.
Clarke, E. (1971) "Multi-part Pricing of Public Goods," *Public Choice*, Vol. 11, pp. 17–33.
Green, J. and Laffont, J.-J. (1977) "Characterization of Satisfactory Mechanisms for the Revelation of Preferences for Public Goods," *Econometrica*, Vol. 45, pp. 727–738.
―――― (1979) *Incentives in Public Decision Making*, North-Holland.
Groves, T. (1973) "Incentives in Teams," *Econometrica*, Vol. 41, pp. 617–631.
Groves, T. and Loeb, M. (1975) "Incentives and Public Inputs," *Journal of Public Economics*, Vol. 4, pp. 211–226.
Hashimoto, K. and Saitoh, H. (2010) "Domain Expansion of the Pivotal Mechanism," *Social Choice and Welfare*, Vol. 34, pp. 455–470.
Holmström, B. (1979) "Groves' Scheme on Restricted Domains," *Econometrica*, Vol. 47, pp. 1137–1144.
Morimoto, S. and Serizawa, S. (2012) "Strategy-proofness and Efficiency with Nonquasi-linear Preferences: A Characterization of Minimum Price Walrasian Rule," mimeo, Osaka University.
Saitoh, H. and Serizawa, S. (2008) "Vickrey Allocation Rule with Income Effect," *Economic Theory*, Vol. 35, pp. 391–401.
Sakai, T. (2008) "Second Price Auctions on General Preference Domains: Two Characterizations," *Economic Theory*, Vol. 37, pp. 347–356.
―――― (2013) "An Equity Characterization of Second Price Auctions When Preferences May Not Be Quasilinear," *Review of Economic Design*, Vol. 17, pp. 17–26.
Vickrey, W. (1961) "Counterspeculation, Auctions, and Competitive Sealed Tenders," *Journal of Finance*, Vol. 16, pp. 8–37.

第2章

コア選択オークション

佐野隆司

1 はじめに

オークションを通じて一度に複数の財を配分する「複数財オークション」の理論は，通信事業者への周波数免許の配分に実際に応用されたことなどを契機として，飛躍的に研究が進んでいる．今日その研究成果は，周波数免許や空港発着枠といった公的な資源配分をはじめ，調達オークションやインターネット広告の課金メカニズムの設計など，官民を問わず幅広い現実の制度設計に活用されている．

複数の財がオークションを通じて配分されるとき，財の間には一般に代替性や補完性などの関連性が存在する．つまり，買い手は個々の財の価値を評価するのではなく，財の組み合わせ（パッケージ）に対して評価する．このようなとき，どのようなメカニズム（オークション）を用いれば，各人の価値評価を正しく収集し，効率的な配分を実現することができるだろうか．

この問いに対する1つの答えがVCGメカニズムである[1]．VCGメカニズムでは，各入札者は自身の持つ財の価値評価を売り手に申告し，そのもとで効率的に財を配分する．各人の支払い額は，「自分がこのメカニズムに参加することで，他人に与える外部性（迷惑料）」と定められている．VCGメカ

---

[1] 本章ではいわゆる「(VCG) ピボタルメカニズム」のことをVCGメカニズムと呼ぶ．VCGメカニズムおよびグローヴスメカニズムの詳細については第1章を参照せよ．

表2-1　入札者 A, B, C の価値評価

入札者	X	Y	XY
A	10	0	10
B	0	10	10
C	0	0	10

ニズムは，標準的な仮定のもとで，入札者が自分の価値評価を正直に申告することが常に最適となり（耐戦略性を満たし），効率的な財配分を達成する唯一のメカニズムであることが知られている．

では周波数免許の配分のような現実の制度設計でもVCGメカニズムを採用すれば万々歳かというと，必ずしもそうとは言い切れない．周波数免許などの公的な資源を配分する際には，しばしば効率的な財配分を達成するだけでなく，各人の支払い額を含めた事後的な結果に参加者全員が納得するようなものでなければならない．次の例を考えてみよう．

例1. 2つの財 X, Y を3人の入札者 A, B, C に配分する．入札者 A は財 X のみを需要していて，その金銭的な価値は10である．入札者 B は財 Y を需要していて，その価値は10である．入札者 C は財 X, Y 両方を需要しており，X, Y のどちらか一方のみの価値は0だが，両方獲得した場合の価値は10である（表2-1）．

このような状況は，周波数免許の配分問題で典型的に起こりうる．たとえば米国のように周波数免許が地域ごとに分割されている国では，財 X, Y はそれぞれ各地域の免許にあたる．入札者 A, B は自分の地域内でのみ通信サービスを提供するローカル企業，入札者 C は全国でサービスを提供するグローバル企業に対応する．ローカル企業は自分の地域外の免許には興味がない一方，グローバル企業は一部の地域の免許のみを獲得してもあまり意味がない．また欧州諸国や日本のように免許が地域分割されていないような国でも，通信事業者が採用する通信方式の違い等によって必要な周波数免許の個数が異なることがあり，同様の状況が発生しうる[2]．

さてこのとき，VCGメカニズムにより財配分・支払い額を決定すると，

どのような結果になるだろうか．まず，財配分は効率的であるから，A, B がそれぞれ財 X, Y を獲得する．免許を獲得できなかった C の支払い額は 0 である．A の VCG メカニズムのもとでの支払い額は「A がメカニズムに参加しなかった場合と比べて，A の参加が A 以外の人たちに与える外部性（迷惑料）」になる．別の言い方をすれば，「他の入札者の価値評価を所与としたとき，自分の財を獲得するために最低どれだけの価値を申告する必要があったか」が自分の支払い額となる．いま，C は XY のパッケージに対して 10 の価値である一方で，B は Y のみに対して 10 の価値を持っている．よって A は X に対してほんのわずかな価値でも持っていれば，免許 X を獲得できることになる．したがって VCG メカニズムにおける A の支払い額は 0（A が X を獲得できるぎりぎりの額）となる．同様に B の支払い額も 0 となる．

　はたしてこの結果に，売り手を含めたすべての参加者は納得するだろうか．各人はそれぞれ自分が需要する財に正の価値を申告し，結果的に C は財を獲得できなかったにもかかわらず，A と B は 1 銭も売り手に支払わずに財を獲得している．売り手は，収入がゼロになるくらいなら，この結果を反故にして，入札者 C と個別に交渉して適当な支払い額で取引したいと考えるかもしれない．これが周波数免許のような公的な資源の配分であった場合，政府に全く収入が入らない可能性のある制度の採用は，国民の理解が得られない可能性もある．さらに，仮にこのような制度が妥当と判断されたとしても，このような低支払い額の結果が以下のように「悪用」されるおそれもある．

　上記の例を少し変えて，入札者 A, B の財 X, Y に対する価値が 10 ではなく 4 であったとしよう．この場合の VCG メカニズムの結果は，C が XY のパッケージを支払い額 8 で獲得することになる．ところが，A と B が協力してそれぞれ X, Y の価値を 10 と偽って申告すれば，彼らは支払い額 0 で財を獲得できてしまう．このように VCG メカニズムは各個人について見れば耐戦略性を満たすものの，複数人で協力して嘘をつくことで得をすることが

---

[2] FDD 方式と呼ばれる通信方式では，上り通信用と下り通信用のペアの周波数帯域を必要とする．一方，TDD 方式と呼ばれる通信方式では，上り通信と下り通信を同じ周波数帯域で行うため，1 つの周波数帯域でも十分である．

ありうるルールになっているのである[3]．

「コア選択オークション」は，上記のようなVCGメカニズムで起こりうる問題点を踏まえ，「事後的な結果に参加者全員が納得する」ことを重視して，申告された価値評価のもとで結果がコアに属するように財配分・支払い額を決定するオークションルールである．ある配分がコアに属しているとは，社会の一部分がグループ（提携）を組んで逸脱し，彼らの中だけで資源配分を行ったとしても，もとの配分以上の利得を得られない状態を言う．例1の場合，VCGメカニズムの結果は，入札者A, Bの支払い額が少なすぎるため，売り手とCが提携を組んで逸脱してしまう．コア選択オークションは，このような逸脱が起こらないように，A, Bに対して相応の支払い額を課すルールになっている．近年，英国，オランダ，デンマーク，オーストラリア等の国々では，周波数免許配分に実際にコア選択オークションが採用されている[4]．

問題は，望ましい結果の基準として効率性よりも強い性質であるコアを要求したとき，耐戦略性を満たすメカニズムを設計することができるか，という点である．そもそも効率性と耐戦略性を満たすメカニズムはVCGメカニズムのみであるから，仮に耐戦略性を満たすコア選択オークションが存在するとすれば，それはVCGメカニズムのはずである．しかし，例1が示すように，VCGメカニズムの結果は必ずしもコアに属さず，一般にコアと耐戦略性は両立不可能である．そこで，(1) どのような環境であれば，コアと耐戦略性を両立できるか，(2) コア選択オークションが耐戦略性を満たさないならば，均衡でどのような配分が実現されるか，の2点が大きな関心事となる．このうち (1) については，Ausubel and Milgrom (2002)，Bikhchandani and Ostroy (2002) などによって，財の代替性が重要な条件であることが示された．また，(2) については，Bernheim and Whinston (1986) を先

---

[3] このとき，A, Bは必ずしもCの財のパッケージXYに対する価値を知っている必要はない．A, BはCが持ちうる最大の評価額以上の，とにかくべらぼうに高い金額を申告しておけば，支払い額0で財を獲得することができる．

[4] コア選択オークションの近年の周波数オークションへの応用についてはCramton (2013) を参照せよ．また，日本の周波数オークション導入に向けた提言として松島 (2012a, b) がある．

駆的な研究として，Day and Milgrom（2008），Sano（2013）らによって私的情報のない完備情報の場合のナッシュ均衡が分析されている．本章ではこれらの研究の主要な結果を説明していく[5]．

2 モデル

オークションに関わるプレーヤーの集合を $N = \{0, 1, \ldots, n\}$ で表す．このうち，0は売り手を，$i = 1, \ldots, n$ は入札者を表す．配分される財の集合 K に対して，入札者 i が獲得しうる財のパッケージの集合を $X_i \subseteq 2^K$ とし，獲得する財のパッケージを $x_i \in X_i$ で表す．各入札者について空のパッケージ $\emptyset \in X_i$ であるとする．各人の獲得する財のパッケージの組 $x = (x_1, \ldots, x_n)$ を財配分と呼ぶ．互いのパッケージが排反であるような財配分が実行可能であり，実行可能な財配分の集合を X で表す．

各入札者は準線形の選好を持っており，財に対する価値評価関数を $v_i : X_i \to \mathbb{R}_+$ で表す．$v_i(\emptyset) = 0$ と基準化し，弱増加関数とする．入札者が持ちうる価値評価関数の集合を $\mathbb{V}$ で表す．入札者 i が財のパッケージ x_i を獲得し，売り手に p_i を支払ったとき，彼の利得を

$$\pi_i = v_i(x_i) - p_i$$

で表す．一方，売り手の利得は各入札者から得られる収入であり，$\pi_0 = \sum_{i \in N_{-0}} p_i$ である[6]．実行可能な財配分と各入札者の支払い額が与えられたとき，対応する利得ベクトル $\pi \in \mathbb{R}^{n+1}$ を利得配分あるいは単に配分と呼ぶことにする．各人の利得が非負であるとき，配分 $\pi \geq 0$ は個人合理的であると呼ぶ．

---

[5] コア選択オークションを含む複数財オークションの理論は理論経済学のみならず，計算機科学等においても研究対象となっている学際的な領域であるが，本章では計算量など計算機科学により関連する内容についてはカバーしない．この分野に関する網羅的な文献として Cramton et al.（2006）がある．

[6] 売り手の価値評価関数 v_0 を $v_0(x_0) \equiv 0$ とする．売り手自身が財に何らかの価値評価を持っていたとしても，結果には本質的には影響を与えない．

プレーヤーの一部が提携を組み，彼らだけで資源配分を行ったときに実現できる社会的余剰を考える．価値評価関数の組 $v = (v_i)_{i \in N_{-0}}$ を所与としたとき，プレーヤーの提携 $S \subseteq N$ のみで実現可能な社会的余剰の最大値を $w(S|v)$ で表す．すなわち

$$w(S|v) = \begin{cases} \max_{x \in X} \sum_{i \in S} v_i(x_i) & \text{if } 0 \in S \\ 0 & \text{otherwise} \end{cases}$$

であり，この関数を提携値関数と呼ぶ[7]．現在の配分が π であったとき，ある提携 S について $\sum_{i \in S} \pi_i < w(S)$ が成り立っているとすると，S は現在の社会から逸脱し，彼らだけで資源配分を行うことで提携内の全員を改善させることができる．こうした状況を，「配分 π を提携 S がブロックする」と呼ぶ．コアの配分とは，どのような提携によってもブロックされない配分のことを言う．特に非効率的な配分は全体提携 N によってブロックされるから，コアの配分は効率的である．価値評価関数の組を所与としたとき，オークションのコアは

$$Core(N, w) = \left\{ \pi \geq 0 \Big| \sum_{i \in N} \pi_i = w(N), (\forall S \subseteq N) \sum_{i \in S} \pi_i \geq w(S) \right\}$$

と定義される．

はじめに挙げた例 1 の場合を考えよう．効率的財配分では，財 X, Y を入札者 A, B がそれぞれ獲得して，総余剰は $w(N) = 20$ である．財を手に入れられない入札者 C については，$\sum_{i \in N_{-C}} \pi_i \geq w(N_{-C}) = 20$ より，$\pi_C = 0$ に決まる．さらに提携 $\{0, C\}$ によるブロックが起こらない条件は $\pi_0 + \pi_C = \pi_0 \geq 10$ であるから，コアは

$$Core(N, w) = \{\pi \geq 0 | \pi_0 + \pi_A + \pi_B = 20, \pi_A + \pi_B \leq 10, \pi_C = 0\}$$

となる．図 2-1 はコアになるような入札者 A, B の利得の範囲を表している．

---

[7] 協力ゲームの文脈では特性関数（characteristic function）と呼ばれる．

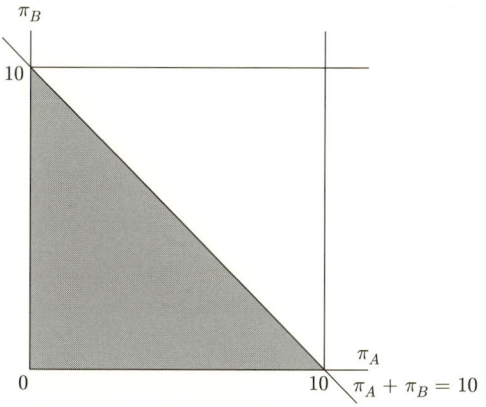

図 2-1 コアに属する (π_A, π_B) の範囲

　メカニズム（直接表明メカニズム）は，申告された価値評価関数の組 $\hat{v} = (\hat{v}_i)_{i \in N_{-0}}$ に対して，財配分を決める関数 $g: \mathbb{V}^n \to X$ と各人の支払い額を決める関数 $p: \mathbb{V}^n \to \mathbb{R}^n$ によって定義される．財配分は常に申告された価値評価に対して効率的であるとする：

$$g(\hat{v}) \in \arg\max_{x \in X} \sum_{i \in N} \hat{v}_i(x_i)$$

任意のメカニズムを所与としたとき，申告された価値評価 $\hat{v}$ をもとに計算される各入札者の利得を $\hat{\pi}_i = \hat{v}_i(g_i(\hat{v})) - p_i(\hat{v})$ と表し，また $\hat{\pi}_0 = \pi_0$ とする．任意の申告された価値評価 $\hat{v}$ のもとで常に

$$\hat{\pi} \in Core(N, w(\cdot|\hat{v}))$$

が成り立つとき，メカニズム (g, p) はコア選択オークションであると言う．一般にコア配分は無数に存在するから，コア選択オークションも無数に存在する．

　代表的なコア選択オークションの1つとして，各入札者が申告した評価額をそのまま支払う「一位価格オークション（ビッド支払いオークション）」が

ある[8]．一位価格オークションでは価値評価 $\hat{v}$ に対して，各入札者の支払い額は $p_i(\hat{v}) = \hat{v}_i(g_i(\hat{v}))$ で決まる．このとき，申告をもとに計算された利得配分は $\hat{\pi} = (w(N|\hat{v}), (0)_{i \in N_{-0}})$ であるから，明らかに一位価格オークションはコア選択オークションである．

また近年，英国などいくつかの国の周波数オークションでは，「VCG 近似コア選択オークション」と呼ばれるルールが採用されている．これは，コアの中で，VCG メカニズムの支払い額とのユークリッド距離が最小となるように支払い額を決めようというものである．申告された価値評価のもとでの効率的な配分を $x^* = g(\hat{v})$ とすると，VCG メカニズムにおける各入札者の支払い額は，

$$p_i^{VCG}(\hat{v}) = w(N_{-i}|\hat{v}) - \sum_{j \neq i} \hat{v}_j(x_j^*)$$

と定義される．VCG 近似コア選択オークションの支払い額は，

$$\min_{p \in \mathbb{R}_+^n} \sum_{i \in N_{-0}} \left(p_i - p_i^{VCG}(\hat{v}) \right)^2$$

$$\text{s.t.} \hat{\pi} \in Core(N, w(\cdot|\hat{v}))$$

の解として定義される[9]．

図 2-2 は例 1 において，仮にすべての入札者が正直に価値評価を申告したときの，入札者 A, B の支払い額の範囲を表している．配分がコアになるような入札者 A, B の支払い額の範囲はアミ掛け部分の三角形 DFG であり，この範囲内に支払い額が定まるようなオークションルールはすべてコア選択オークションである．特に，点 D は一位価格オークションの支払い額に対応している．また，VCG 近似コア選択オークションの支払い額は点 E のように決まる．

---

[8] Bernheim and Whinston (1986) で「メニューオークション (menu auction)」と呼ばれるメカニズムである．

[9] より厳密には，売り手の収入が最小となるコアの中で VCG メカニズムの支払い額に最も近いものを選ぶ．コアから選ぶか収入最小コアから選ぶかによって配分は一般には異なりうる．

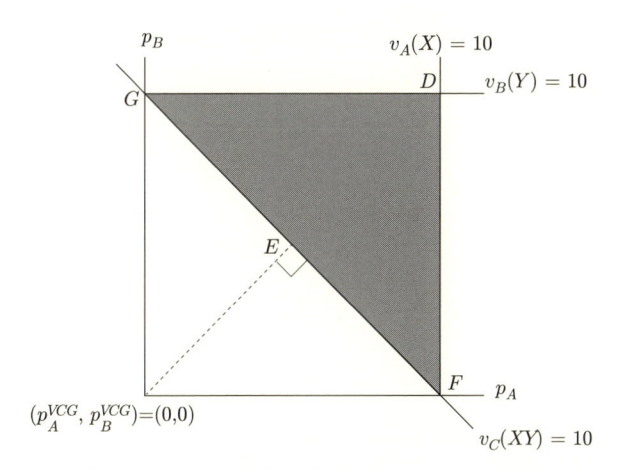

図2-2 コアに属する支払い額 (p_A, p_B) の範囲

3 VCGメカニズムとコア配分の関係

本節は Ausubel and Milgrom (2002) に従って，どのような環境のもとではコアと耐戦略性が両立可能か，という問題を考える．この問題は言い換えると，VCG メカニズムで実現する配分がコアに属するのはどのようなときか，ということである．そこで本節では，VCG メカニズムの配分とコアがどのような関係にあるかを見ていく．各入札者が真の価値評価を申告したときの各入札者のVCGメカニズムでの利得を「VCG利得」と呼び，$\bar{\pi}_i$ で表すとすると，

$$\bar{\pi}_i = v_i\bigl(g_i(v)\bigr) + \sum_{j \neq i} v_j\bigl(g_j(v)\bigr) - w(N_{-i}) = w(N) - w(N_{-i})$$

となる[10]．つまり，入札者 i のVCG利得は，彼が社会に参加することで発生する社会的余剰の増加分に一致する．言い換えると，入札者 i のVCG利得は，社会 N に対する自身の限界貢献度（marginal contribution）である．

---

[10] 本節では入札者の戦略的入札行動は一切考えないので，$w(\cdot|v)$ を単に $w(\cdot)$ と表記する．

この性質から，コアにおける各入札者の利得は高々VCG利得であることを容易に確かめることができる．任意のコア配分 $\pi \in Core(N,w)$ は効率的だから，

$$\sum_{i \in N} \pi_i = w(N) \tag{1}$$

である．さらに，π は提携 N_{-i} によってブロックされないから，

$$\sum_{j \neq i} \pi_j \geq w(N_{-i}) \tag{2}$$

が成り立つ．(1) から (2) を引くことで，

$$\pi_i \leq w(N) - w(N_{-i})$$

が得られる．入札者 i がVCG利得を得て，残りの余剰を売り手が総取りするような利得配分は明らかにコアになるから，入札者 i がVCG利得を得るようなコア配分は必ず存在する．

命題 1. 各入札者がコアにおいて得られる利得の上限はVCG利得である．

命題1の証明過程からわかるように，各入札者のVCG利得は提携 N_{-i} によるブロックが起こらないような利得である．そして各入札者がコアで得られる最高の利得はVCG利得である．図2–2を見ると，例1の場合もたしかに入札者 A, B がそれぞれVCG利得を得るようなコア配分が存在することが確認できる（点 F, G）．しかし，すべての入札者が同時にVCG利得を得るような配分，すなわちVCG配分がコアに属することは一般に保証されない．それでは，VCG配分がコアに属するのはどのようなときだろうか．この問いに答えるために，以下のような条件を導入しよう．

定義 1 (BSM条件)．提携値関数 w が任意の売り手を含む提携 S,T について，

$$w(S) + w(T) \geq w(S \cup T) + w(S \cap T)$$

を満たすとき，w は入札者劣モジュラー (bidder submodular) であると言う．

BSM 条件は以下のように書き換えることができる：任意の売り手を含む提携 $S, T (S \subseteq T)$ と任意の $i \in S_{-0}$ について,

$$w(S) - w(S_{-i}) \geq w(T) - w(T_{-i})$$

すなわち，BSM 条件は，提携がより大きくなるほど入札者 i の提携に対する限界貢献度が小さくなることを意味する．BSM 条件は，VCG 配分がコアに属するための十分かつほぼ必要条件になっている．

命題 2. 以下の (1) と (2) は同値である．
(1) 提携値関数 w が入札者劣モジュラーである．
(2) 任意の売り手を含む提携 $S \subseteq N$ について，

$$Core(S, w) = \left\{ \pi \geq 0 \Big| \sum_{i \in S} \pi_i = w(S), (\forall i \in S_{-0}) 0 \leq \pi_i \leq \bar{\pi}_i^S \right\}$$

ただし，$\bar{\pi}_i^S \equiv w(S) - w(S_{-i})$ とする．

証明. $\Pi_S \equiv \left\{ \pi \geq 0 \big| \sum_{i \in S} \pi_i = w(S), (\forall i \in S_{-0}) 0 \leq \pi_i \leq \bar{\pi}_i^S \right\}$ とする．まず (1) $\Rightarrow$ (2) を示す．命題 1 より常に $Core(S, w) \subseteq \Pi_S$ であるから，逆の包含関係を示せばよい．すなわち，任意の売り手を含む提携 S と利得配分 $\pi \in \Pi_S$ を考え，これがコアに属することを示す．このとき一般性を失うことなく $S = \{0, 1, \ldots, s\}$ とすることができる．さらに S の任意の売り手を含む部分提携 $T \subset S$ を，一般性を失うことなく $T = \{0, 1, \ldots, t\} (t < s)$ とすることができる．この提携 T による逸脱を考えると，

$$\sum_{i \in T} \pi_i = w(S) - \sum_{i=t+1}^{s} \pi_i$$

$$\geq w(S) - \sum_{i=t+1}^{s} \bar{\pi}_i^S$$

$$= w(S) - \sum_{i=t+1}^{s} \left(w(S) - w(S_{-i}) \right)$$

$$\geq w(S) - \sum_{i=t+1}^{s} \bigl(w(0,1,\ldots,i) - w(0,1,\ldots,i-1)\bigr)$$

$$= w(S) - (w(S) - w(T)) = w(T)$$

BSM 条件は 2 つ目の不等号を導くために使われている．これより $\pi \in Core(S, w)$ が示せた．

次に (2) $\Rightarrow$ (1) を示す．ここでは命題の対偶として，w が劣モジュラーでないとき，$Core(S, w) \neq \Pi_S$，特に VCG 配分 $\bar{\pi}^S$ がコアに属さないような提携 S が存在することを示す．w が劣モジュラーでないので $w(S) - w(S_{-i})$ が S について非増加になっていない．つまりある $S(\ni i, 0)$ と $j \in S_{-0i}$ が存在して，

$$w(S) - w(S_{-i}) > w(S_{-j}) - w(S_{-ij}) \tag{3}$$

となっている．このとき S についての VCG 配分 $\bar{\pi}^S$ からの提携 S_{-ij} による逸脱を考えると，(3) より，

$$\sum_{k \in S_{-ij}} \bar{\pi}_k^S = w(S) - \bar{\pi}_i^S - \bar{\pi}_j^S$$

$$= w(S) - (w(S) - w(S_{-i})) - (w(S) - w(S_{-j}))$$

$$= w(S_{-i}) + w(S_{-j}) - w(S)$$

$$< w(S_{-ij})$$

すなわち提携 S_{-ij} がブロックするため，VCG 配分はコアに属さない． □

大雑把に言うと，BSM 条件は各入札者の限界貢献度が提携のサイズについて減少関数になることだから，「全体提携を除く最も大きな提携 N_{-i} がブロックしない」条件のみがコアの制約条件になる．各入札者の VCG 利得は提携 N_{-i} にブロックされないような利得（の上限）なので，VCG 配分はコアに属するのである．

BSM 条件は VCG 配分がコアに属するための十分条件であるが，必要条件ではない．これは，配分の計算に影響を与えない提携に関しては，必ずし

も劣モジュラーである必要がないためである．Bikhchandani and Ostroy (2002) は VCG 配分がコアに属する必要十分条件として，BSM 条件を少し弱めた条件を示している．

さて，VCG 配分がコアに属するためには提携値関数が劣モジュラーになっていることがほぼ必要十分であることがわかった．しかし，提携値関数は各人の価値評価が与えられてから定義されるものであるから，BSM 条件は VCG 配分がコアに属するための本質的な条件とは言い難い．それでは各人の価値評価関数 v_i がどのような性質を満たせば，提携値関数が劣モジュラーになるのだろうか．Ausubel and Milgrom (2002) は，すべての入札者にとって財が代替財であるとき，BSM 条件が満たされることを示した．任意の財について，他の財の価格の上昇に対して需要量が減少しないとき，財は（粗）代替[11] であると言い，「価値評価関数 v_i は代替性条件を満たす」と言う．本章では証明は省略するが，価値評価関数の代替性条件が BSM 条件のための十分条件であることが知られている．

命題 3 (Ausubel and Milgrom 2002)．すべての $i \in N_{-0}$ について，v_i が代替性条件を満たすならば，提携値関数 w は入札者劣モジュラーである．

命題 3 の逆は必ずしも真ではないが，次の命題は代替性条件が BSM 条件のためのほぼ必要条件であることを示している．

命題 4 (Ausubel and Milgrom 2002)．入札者の数 $n \geq 4$ であり，入札者 1 の価値評価関数 v_1 が代替性条件を満たさないとする．このとき，代替性条件を満たす価値評価関数の組 v_{-1} が存在して，提携値関数 w は入札者劣モジュラーではない．

財の個数が 2 である場合，命題 4 は $n = 3$ でも成り立ち，以下のように直接的に証明できる．

証明（財の個数が 2 であるとき）．財の集合を $\{A, B\}$ とすると，入札者 1 の任意の価値評価関数は $v_1(A) = a$, $v_1(B) = b$, $v_1(AB) = a + b + c$

---

[11] 本章のような準線形環境では粗代替性と代替性は同値である．

$(a, b \geq 0, c > 0)$ と表すことができる．これに対して v_2, v_3 を $v_2(A) = a$, $v_2(B) = b + c$, $v_2(AB) = a + b + c$, $v_3(A) = a + d \, (d > c)$ と定義する．このとき，

$$w(0123) = w(023) = a + b + c + d,$$
$$w(012) = a + b + c,$$
$$w(013) = a + b + d,$$
$$w(01) = a + b + c$$

であるから，

$$w(0123) - w(013) = c > w(012) - w(01) = 0$$

となり BSM 条件を満たさない． □

 以上のように，VCG 配分がコアに属するためには，すべての入札者にとって財が代替財であることがほぼ必要かつ十分条件である．可能な価値評価関数の集合 $\mathbb{V}$ が代替性条件を満たす価値評価関数のみであるならば（かつ各人は $\mathbb{V}$ に含まれる価値評価関数のみを申告できるのならば），耐戦略的なコア選択オークションが存在して，それは VCG メカニズムにほかならない．しかし，周波数オークションをはじめとする多くの現実の事例では，補完財があると考えられており[12]，そのような場合にはコアと耐戦略性は両立できない．また，耐戦略性をより弱いベイジアン誘因両立性に弱めたとしても，コア選択オークションと両立させることは不可能であることが知られている[13]．

系 1（命題 2 と 3 の系）．代替性条件を満たす価値評価関数の集合を $\mathbb{V}^s$ とする．$\mathbb{V} \subseteq \mathbb{V}^s$ であるならば，VCG メカニズムはコア選択オークションである．

---

[12] 周波数オークションにおける補完財の存在については，例えば Ausubel et al. (1997) を参照せよ．

[13] Goeree and Lien (2012) を参照せよ．

それでは補完性の存在を考慮したとき，コア選択オークションで入札者がどのような戦略的行動を取り，均衡においてどのような配分が実現されるのであろうか．次節ではコア選択オークションの均衡について分析していくことにする．

4 コア選択オークションの均衡

複数財オークション問題では，入札者はさまざまな財のパッケージに対して価値評価を持っているため，入札者の持つ情報は多次元になる．通常オークション理論では，各入札者の財に対する評価額はその入札者のみが知る私的情報であると仮定し，不完備情報ゲームとして均衡分析をするが，多次元の私的情報があるときのオークションの均衡分析はあまりに複雑になってしまうため，均衡を導出することはきわめて困難である．そこで，ひとまず各人の価値評価が入札者間で共有知識となっているような完備情報のケースを仮定する．以下では Day and Milgrom (2008) に従って，真のコア配分を実現するようなナッシュ均衡が存在することを示す．

4.1 完備情報下のナッシュ均衡

一般に完備情報の仮定のもとでは，コア選択オークションには無数のナッシュ均衡が存在する．特に，各人が申告する価値評価関数の中で，財配分や支払い額の決定に本質的に関係ない部分については何を申告しても均衡になってしまう（例えば，他の入札者に比べて相対的に評価額の低い財のパッケージに対しては，どのような評価額を申告してもオークションの結果には影響を及ぼさないだろう）．そこで，以下のような「切り詰め戦略」[14] に着目する．

定義 2（切り詰め戦略）．価値評価関数 v_i に対して，定数 $\alpha_i \geq 0$ が存在して，

---

[14] 「切り詰め戦略 (truncation strategy)」は Day and Milgrom (2008) による．この戦略は文献によってさまざまに呼ばれており，「誠実戦略 (truthful strategy)」(Bernheim and Whinston 1986)，「近似的に率直な戦略 (semi-sincere strategy)」(Ausubel and Milgrom 2002)，「利潤目標戦略 (profit-target strategy)」(Milgrom 2004) などとも呼ばれている．

任意の $x_i \in X_i$ について

$$\hat{v}_i(x_i) = \max\{v_i(x_i) - \alpha_i, 0\}$$

であるとき，$\hat{v}_i$ を「v_i の α_i 切り詰め戦略」と呼ぶ．

切り詰め戦略は，任意の財の組み合わせに対して真の評価額から一定額だけ差し引いて申告する戦略である．次の命題は，任意の他の入札者の申告に対して，切り詰め戦略による最適反応が存在することを示している．なお，完備情報下のオークションの均衡では，しばしばタイ，すなわち申告のもとでの効率的財配分が複数になる場合が生じるが，分析を単純化するためにタイの場合には，特定の入札者や配分が優先的に選ばれることを仮定する．命題5では入札者 i がタイケースにおいて優先されるものとする．

命題 5. 任意の入札者 i 以外の申告の組 $\hat{v}_{-i}$ に対して，

$$\bar{\pi}_i \equiv w(N|v_i, \hat{v}_{-i}) - w(N_{-i}|v_i, \hat{v}_{-i})$$

とする．このとき，任意のコア選択オークションにおいて，v_i の $\bar{\pi}_i$ 切り詰め戦略は $\hat{v}_{-i}$ に対する最適反応になっている．

証明． 入札者 i が $\hat{v}_i$ を申告して，利得 $\pi_i > \bar{\pi}_i$ を得られたと仮定する．このとき，申告の組 $\hat{v}$ で計算した利得配分を $\hat{\pi}$，実現した財配分を $\hat{x}$，i の支払い額を $\hat{p}_i$ とすると，財配分の効率性から，

$$\begin{aligned}
\sum_{j \neq i} \hat{\pi}_j &= w(N|\hat{v}) - \hat{\pi}_i \\
&= \sum_{j \in N} \hat{v}_j(\hat{x}_j) - \bigl(\hat{v}_i(\hat{x}_i) - \hat{p}_i\bigr) \\
&= \sum_{j \neq i} \hat{v}_j(\hat{x}_j) + v_i(\hat{x}_i) - \bigl(v_i(\hat{x}_i) - \hat{p}_i\bigr) \\
&< w(N|v_i, \hat{v}_{-i}) - \bar{\pi}_i \\
&= w(N_{-i}|v_i, \hat{v}_{-i}) = w(N_{-i}|\hat{v})
\end{aligned}$$

第 2 章 コア選択オークション

厳密な不等号は $v_i(\hat{x}_i) - \hat{p}_i = \pi_i > \bar{\pi}_i$ から得られる.したがって,$\hat{\pi} \in Core(N, w(\cdot|\hat{v}))$ に矛盾する.ゆえに,i が最適反応で得られる利得は高々 $\bar{\pi}_i$ である.以下では $\bar{\pi}_i$ 切り詰め戦略によって,少なくとも利得 $\bar{\pi}_i$ を得られることを示す.

ケース 1:$\bar{\pi}_i = 0$ のとき.入札者 i は「0 切り詰め戦略」,すなわち真の評価額を申告すれば,個人合理性により少なくとも非負の利得を得ることができる.したがって,$\bar{\pi}_i$ 切り詰め戦略は最適反応になっている.

ケース 2:$\bar{\pi}_i > 0$ のとき.価値評価の組 $(v_i, \hat{v}_{-i})$ のもとでの効率的財配分を x^* とする.$w(N|v_i, \hat{v}_{-i}) > w(N_{-i}|v_i, \hat{v}_{-i})$ より,$x_i^* \neq \emptyset$ かつ $v_i(x_i^*) \geq \bar{\pi}_i$ となっている.入札者 i が $\bar{\pi}_i$ 切り詰め戦略をとったとき,

$$\max \sum_{j \in N} \hat{v}_j(x_j) \geq \max \left\{ \sum_{j \neq i} \hat{v}_j(x_j) + v_i(x_i) - \bar{\pi}_i \right\}$$

$$= w(N|v_i, \hat{v}_{-i}) - \bar{\pi}_i$$

$$= w(N_{-i}|v_i, \hat{v}_{-i}) = w(N_{-i}|\hat{v})$$

最初の不等式は $\bar{\pi}_i$ 切り詰め戦略の定義から得られるが,厳密な不等号は成り立たない.なぜならば,厳密な不等号が成り立つことは,$\hat{v}_i(x_i) = 0$ なる財配分 x が選ばれることを意味し,$\max \sum_{j \neq i} \hat{v}_j(x_j) > w(N_{-i}|\hat{v})$ となって矛盾が生じてしまうためである.したがって,x^* は申告のもとで効率的な財配分の 1 つになっている.タイブレークでは i が優先されるので,i は必ず財 x_i^* を獲得する.$\bar{\pi}_i$ 切り詰め戦略をとった結果,i が $v_i(x_i) \geq \bar{\pi}_i$ を満たす x_i を獲得するならば,個人合理性 $\hat{\pi}_i \geq 0$ により,少なくとも $\bar{\pi}_i$ 以上の利得が得られる.したがって,$\bar{\pi}_i$ 切り詰め戦略は最適反応になっている.□

命題 5 により,任意の他の入札者の戦略に対して切り詰め戦略による最適反応が存在することから,各入札者が切り詰め戦略を用いるナッシュ均衡が存在する.具体的に以下のようにして均衡を構成することができる.

真のコア配分 $\pi \in Core(N, w(\cdot|v))$ に対して,すべての i について $\pi_i' \geq \pi_i$ を満たす $\pi' \in Core(N, w) \setminus \{\pi\}$ が存在しないとき,すなわち,(売り手を除

いた）全入札者の間でパレート最適になっているコア配分を入札者最適コア配分と呼び，入札者最適コア配分の集合を

$$BOC(N,w(\cdot|v)) \subseteq Core(N,w(\cdot|v))$$

で表すことにしよう．次の命題は，入札者最適コア配分 π に対して，各入札者が π_i 切り詰め戦略をとるのがナッシュ均衡になっていることを示している．命題6ではタイケースにおいて真の効率的財配分が優先的に選ばれるものと仮定する．

命題 6. $\pi \in BOC(N,w(\cdot|v))$ とする．このとき，任意のコア選択オークションにおいて，各入札者が π_i 切り詰め戦略をとるのはナッシュ均衡であり，そのときの均衡配分は π となる．

証明では真の価値評価のもとでの効率的財配分が一意に定まっているものと仮定する．効率的財配分が複数存在する場合は，そのうちの1つを固定することで同様に証明することができる．命題5より，入札者最適コア配分 π に対して，入札者 i 以外が π_j 切り詰め戦略をとっているとき，

$$\pi_i = w(N|v_i,\hat{v}_{-i}) - w(N_{-i}|v_i,\hat{v}_{-i})$$

が成り立っていることを示せばよい．

証明. 与件の切り詰め戦略の組 $\hat{v}$ を考え，$w(S|\hat{v}) = w(N|\hat{v})$ を満たす最小の提携 S を S^* で表す．すなわち，S^* は財を獲得する入札者の集合で，$i \in S^*$ について，対応する財配分 $\hat{x}$ は $\hat{v}_i(\hat{x}_i) > 0$ を満たす．すなわち，$\hat{v}_i(\hat{x}_i) = v_i(\hat{x}_i) - \pi_i$ であるから，

$$w(N|\hat{v}) = w(S^*|\hat{v}) = \sum_{i \in S^*_{-0}} \left(v_i(\hat{x}_i) - \pi_i\right) \leq w(S^*|v) - \sum_{i \in S^*_{-0}} \pi_i \leq \pi_0 \quad (4)$$

最後の不等号は π がコアに属することから得られる．

ところで，任意の $\pi \in BOC(N,w(\cdot|v))$ と任意の $i \in N_{-0}$ に対して，ある提携 $S(\ni 0) \subseteq N_{-i}$ が存在して $\sum_{j \in S} \pi_j = w(S|v)$ が成り立つ．これは以下

のようにして示すことができる．π は入札者最適コアなので，任意の $\varepsilon > 0$ について $(\pi_0 - \varepsilon, \pi_i + \varepsilon, \pi_{-0i})$ はコアに属さない．すなわち，ある提携 S_ε が存在して，

$$\sum_{j \in S_\varepsilon} \pi_j - \varepsilon < w(S_\varepsilon | v)$$

となる．この不等式は任意の正の実数 $\varepsilon > 0$ について成り立つ．可能な提携の数は高々有限なので，$\varepsilon \to 0$ としたとき，ある提携 S が存在して，$\sum_{j \in S} \pi_j \leq w(S|v)$ である．$\pi \in Core(N, w(\cdot|v))$ より逆の不等式も成り立つから，$\sum_{j \in S} \pi_j = w(S|v)$ である．

このような S について，

$$w(S|\hat{v}) = \max \sum_{j \in S_{-0}} \hat{v}_j(x_j) \geq \max \sum_{j \in S_{-0}} (v_j(x_j) - \pi_j)$$
$$= w(S|v) - \sum_{j \in S_{-0}} \pi_j = \pi_0 \quad (5)$$

(5) より，

$$\pi_0 \leq w(S|\hat{v}) \leq w(N_{-i}|\hat{v}) \leq w(N|\hat{v}) \quad (6)$$

(4) と (6) より，

$$w(N_{-i}|\hat{v}) = w(N_{-i}|v_i, \hat{v}_{-i}) = w(N|\hat{v}) = \pi_0$$

が成り立つ．真の価値評価のもとでの効率的な財配分 x^* について，$v_i(x_i^*) \geq \pi_i$ であるから，

$$\sum_{i \in N_{-0}} \hat{v}_i(x_i^*) = \sum_{i \in N_{-0}} v_i(x_i^*) - \sum_{i \in N_{-0}} \pi_i = \pi_0 = w(N|\hat{v})$$

したがって，x^* は皆による切り詰め申告のもとでも効率的財配分である（タイブレークによって優先的に選ばれる）．

$$w(N|v_i, \hat{v}_{-i}) = \sum_{j \in N_{-0}} \hat{v}_j(x_j^*) + \pi_i = \pi_0 + \pi_i$$

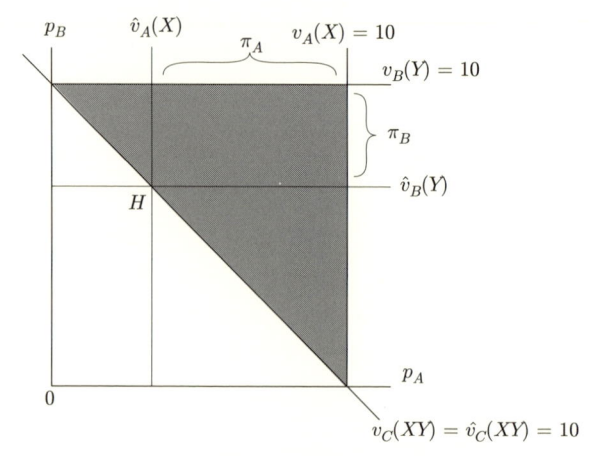

図2-3　例1の場合のナッシュ均衡

であるから，$\pi_i = w(N|v_i, \hat{v}_{-i}) - w(N_{-i}|v_i, \hat{v}_{-i})$．命題5より π_i 切り詰め戦略はナッシュ均衡になり，実現する利得配分は π である． □

命題1,2より，もしもVCG配分がコアに属するのであれば，入札者最適コア配分は一意に定まり，VCG配分に一致する．したがってそのとき命題6の均衡ではVCG配分が実現されている．しかし，VCG配分がコアに属さないときは，入札者最適コア配分は複数（一般に無数に）存在し，そのそれぞれを実現するナッシュ均衡が存在する．

図2-3は，例1の場合における命題6の均衡を表している．コア配分は

$$Core(N,w) = \{\pi \geq 0 | \pi_0 + \pi_A + \pi_B = 20, \pi_A + \pi_B \leq 10, \pi_C = 0\}$$

であるから，入札者最適コアは

$$BOC(N,w) = \{(\pi_0, \pi_A, \pi_B, \pi_C) | \pi_0 = 10, \pi_A + \pi_B = 10, \pi_C = 0\}$$

となる．したがって命題6で示されたナッシュ均衡は任意の $t \in [0, 10]$ に対して，

$$\hat{v}_A(X) = t,$$

$$\hat{v}_B(Y) = 10 - t,$$
$$\hat{v}_C(XY) = 10$$

である．この申告のもとでは効率的な財配分はタイになるが，入札者 A, B が優先される（A または B がほんのわずかだけビッドを上げればタイは解消される）．申告のもとでのコア配分は点 H の1点のみになっている．

4.2 コア選択オークションと均衡同値性

命題5および6では，コア選択オークションの支払いルールを特定していないことに留意されたい．命題6の均衡では，実現する配分 π に対して各入札者はぎりぎりまで申告を切り詰めるため，申告のもとでのコアは唯一 $(w(N|\hat{v}), (0)_{i \in N_{-0}})$ のみになる．ゆえにコア選択オークションの具体的な支払いルールに関係なく，同一の配分が実現される．任意のコア選択オークションにおいて，同一の切り詰め戦略の組がナッシュ均衡になり，同一の均衡配分をもたらす，このいわば「均衡同値性」はオークション理論の主要定理の1つである「収入同値定理」の完備情報ヴァージョンと言えるだろう．単一財オークションでは，標準的な仮定のもとでは売り手の期待収入は均衡での財配分ルールのみに依存することが知られている．ゆえに均衡で効率的財配分を達成するようなオークションでは，売り手の期待収入は常に一定となる[15]．ここでは，完備情報を仮定したことによって，任意のコア選択オークションにおいて同一の均衡が存在するという点で，通常の収入同値定理よりも強い結果をもたらしている．

ちなみに，命題6で示した均衡同値性に対して，オークションがコア選択であることは本質的には重要ではない．実際命題5と命題6の証明をよく読むと，オークションがコア選択であることを用いているのは，命題5の第1段落で提携 N_{-i} による逸脱を使っているのみで，そのほかは個人合理性や配分の効率性などコアよりも弱い性質で置き換えることができる[16]．すでに見

---

[15] 単一財オークションにおける収入同値定理については標準的なオークション理論の教科書，例えば Krishna（2010）を参照せよ．

[16] 命題5を所与とすると，命題6の証明はオークションルールとは無関係であることに注意せよ．

たように VCG 配分は提携 N_{-i} による逸脱が生じない配分であるから,命題5 と 6 は実は VCG メカニズムに対してもそのまま成り立つ. Sano (2013) は,命題 6 の均衡同値性が成り立つ（ほぼ）必要十分条件が,「各入札者の支払い額が少なくとも VCG メカニズムの支払い額以上である」ことであり,コア選択オークションよりも広いクラスのメカニズムについても同一の均衡が存在することを証明している.

4.3 不完備情報の均衡分析

次に,価値評価が各入札者の私的情報である場合を考えることにしよう.ここでは例 1 で考えたような 2 財 X, Y と 3 入札者 A, B, C のケースに話を絞ることにする.入札者 A の X に対する評価額を a,入札者 B の Y に対する評価額を b,入札者 C のパッケージ XY に対する評価額を c とする.各人がどの財に興味があるかについてはプレーヤー間で共有知識となっているが,評価額 a, b, c 自体は各人の私的情報になっていると仮定する.各人は自分の需要する財（のパッケージ）の評価額のみを売り手に申告することとし,申告された評価額を $\hat{a}, \hat{b}, \hat{c}$ で表す.

財配分は $\hat{a} + \hat{b} < \hat{c}$ のとき,C が XY の両方を獲得し,コアになるような C の支払い額は $p_C \in [\hat{a} + \hat{b}, \hat{c}]$ である.このとき VCG メカニズムの支払い額は $p_C^{VCG} = \hat{a} + \hat{b}$ であり VCG 配分はコアに属する.したがって,入札者 C についてはコアと耐戦略性が両立可能である.一方 $\hat{a} + \hat{b} > \hat{c}$ のときは A,B がそれぞれ X, Y を獲得し,コアになるような A, B の支払い額の組は $\{(p_A, p_B) | p_A \leq \hat{a}, p_B \leq \hat{b}, p_A + p_B \geq \hat{c}\}$ である.このときの VCG メカニズムの支払い額は $(p_A^{VCG}, p_B^{VCG}) = (\max\{\hat{c} - \hat{b}, 0\}, \max\{\hat{c} - \hat{a}, 0\})$ となるので,VCG 配分はコアに属さない.以上のことから,この 2 財 3 人モデルにおけるコア選択オークションの均衡分析は,入札者 C は正直に入札することを前提として,A, B のインセンティブのみに注目すればよい.

コア選択オークションの具体的な支払いルールにかかわらず,このゲームの構造は（離散）公共財供給ゲームによく似ている.公共財供給ゲームでは,各個人が公共財の生産に資金を拠出し,全員の拠出額の合計が生産コストを上回ったときのみ,公共財が実際に供給される.評価額 a, b を A, B の公共

財に対する価値，c を公共財の生産コストと見なせば，コア選択オークションゲームは A, B による公共財供給ゲームと非常によく似た構造であることがわかる．公共財供給ゲームでは，自身は拠出しなくても，他人が拠出すれば公共財の恩恵を受けることができるから，各人は他人の拠出にフリーライドして自身は全く拠出しない，あるいは公共財の価値を低く申告するインセンティブがあることがよく知られている．コア選択オークションでも同様に入札者 A, B は互いに相手のビッドにフリーライドするインセンティブが生じ，均衡では真の評価額よりも低い額を申告する．入札者 C については正直に申告させることが可能であるから，コア選択オークションのベイジアン＝ナッシュ均衡では一般に効率的な財配分を達成できない．

このように2財3人モデルにおけるコア選択オークションでは，配分される財の一部のみを需要する「小入札者」の間でフリーライダー問題[17]が存在するため，ベイジアン＝ナッシュ均衡では効率的な配分の達成は保証されない（Goeree and Lien 2012; Ausubel and Baranov 2010）．しかし，2財3人の非常に単純なモデルであっても，具体的な均衡戦略を解析的に特徴づけられるケースは限られており，理論的に興味深い結果はまだあまり得られていない[18]．

5 おわりに

本章では，近年世界各国の周波数オークションで採用されるなど，注目を集めているコア選択オークションの理論的性質について説明してきた．財の間に補完性があるような現実的な環境では，一般にコア選択オークションは耐戦略性を満たさず，真のコアに属する配分の達成は保証されない．しかし，仮に各入札者の価値評価が共有知識となっている場合には，真のコアを実現するようなナッシュ均衡が存在する．

---

[17] コア選択オークションの文脈におけるこの種のフリーライダー問題は，しばしば threshold problem とも呼ばれている．
[18] 例外的に Sano（2012）では価格せり上げ型のコア選択オークションを考え，評価額の分布に直接依存しないある程度頑健な均衡を導出している．

コア選択オークションは近年現実への応用が進んでいる一方で，その理論的性質について解明されていない点が多い．特に，現実に想定されるような，財に対する価値評価が入札者の私的情報である環境で，入札者がどのような入札行動をとり，均衡でどのような配分が実現するかについては，未だ十分に明らかにされていない．

　また，完備情報下の均衡同値性は理論的には興味深い結果ではあるが，「どのような具体的なコア選択オークションのルールが好ましいか」という問いにはあまり示唆を与えてくれない．コア選択オークションの中で，インセンティブの歪みがなるべく小さくなるような具体的なルール設計が，Day and Milgrom（2008）や Erdil and Klemperer（2010），Day and Cramton（2012）などによって提案されている．望ましい性質を持った具体的なコア選択オークションルールを，公理的なアプローチから検討することも，今後の研究課題となりうるだろう．

　さらに，現実への応用可能性という観点からすると，直接メカニズムで「各入札者が自身の価値評価関数 v_i を申告する」ことはしばしば非現実的である．各入札者の価値評価情報を間接的に申告させる代表的な手段として，価格せり上げ型のオークションルールがあり，近年の周波数オークションでは，Porter et al.（2003），Ausubel et al.（2006）などが提案した価格せり上げ型ルールをベースとしたコア選択オークションが採用されている[19]．しかしながら，Kagel et al.（2010）や Bichler et al.（2013）などの実験研究によると，この新しいオークションルールは必ずしも望ましい配分を達成しないことが報告されており，実践的なオークションルールの設計は依然として重要な研究課題である．

【参考文献】

松島斉（2012a）「4G 周波数オークション・ジャパン――Japanese Package Auction（JPA）設計案の骨子」『経済セミナー』2012 年 6，7 月号，日本評論社，pp. 77–85.

---

[19] 正確には価格せり上げと封印入札の混合型のルールである．

―――(2012b)「適正な支払額を決める作法――電波所有権, カルテル, 情報インセンティブ」『経済セミナー』2012 年 8, 9 月号, 日本評論社, pp. 117–123.
Ausubel, L. M. and Baranov, O. (2010) "Core-Selecting Auctions with Incomplete Information," mimeo, University of Maryland.
Ausubel, L. M., Cramton, P., McAfee, R. P. and McMillan, J. (1997) "Synergies in Wireless Telephony: Evidence from the Broadband PCS Auctions," *Journal of Economics and Management Strategy*, Vol. 6, pp. 497–527.
Ausubel, L. M., Cramton, P. and Milgrom, P. (2006) "The Clock-Proxy Auction: A Practical Combinatorial Auction Design," in Cramton, P., Shoham, Y. and Steinberg, R. Eds., *Combinatorial Auctions*, MIT Press, Cambridge, pp. 115–138.
Ausubel, L. M. and Milgrom, P. (2002) "Ascending Auctions with Package Bidding," *Frontiers of Theoretical Economics*, Vol. 1, pp. 1–42.
Bernheim, B. D. and Whinston, M. (1986) "Menu Auctions, Resource Allocation and Economic Influence," *Quarterly Journal of Economics*, Vol. 101, pp. 1–31.
Bichler, M., Shabalin, P. and Wolf, J. (2013) "Do Core-Selecting Combinatorial Clock Auctions Always Lead to High Efficiency? An Experimental Analysis of Spectrum Auction Designs," *Experimental Economics*, Vol. 16, pp. 511–545.
Bikhchandani, S. and Ostroy, J. M. (2002) "The Package Assignment Model," *Journal of Economic Theory*, Vol. 107, pp. 377–406.
Cramton, P. (2013) "Spectrum Auction Design," *Review of Industrial Organization*, Vol. 42, pp. 161–190.
Cramton, P., Shoham, Y. and Steinberg, R. Eds. (2006) *Combinatorial Auctions*, MIT Press, Cambridge.
Day, R. and Cramton, P. (2012) "Quadratic Core-Selecting Payment Rules for Combinatorial Auctions," *Operations Research*, Vol. 60, pp. 588–603.
Day, R. and Milgrom, P. (2008) "Core-Selecting Package Auctions," *International Journal of Game Theory*, Vol. 36, pp. 393–407.
Erdil, A. and Klemperer, P. (2010) "A New Payment Rule for Core-Selecting Package Auctions," *Journal of the European Economic Association*, Vol. 8, pp. 537–547.
Goeree, J. K. and Lien, Y. (2012) "On the Impossibility of Core-Selecting Auctions," mimeo, University of Zürich.
Kagel, J., Lien, Y. and Milgrom, P. (2010) "Ascending Prices and Package Bidding: A Theoretical and Experimental Analysis," *American Economic*

Journal: Microeconomics, Vol. 2, pp. 160–185.
Krishna, V. (2010) *Auction Theory (Second Edition)*, Academic Press, San Diego.
Milgrom, P. (2004) *Putting Auction Theory to Work*, Cambridge University Press, New York.（川又邦雄・奥野正寛・計盛英一郎・馬場弓子訳『オークション——理論とデザイン』東洋経済新報社，2007.）
Porter, D., Rassenti, S., Roopnarine, A. and Smith, V. (2003) "Combinatorial Auction Design," *Proceedings of the National Academy of Sciences*, Vol. 100, pp. 11153–11157.
Sano, R. (2012) "Non-Bidding Equilibrium in an Ascending Core-Selecting Auction," *Games and Economic Behavior*, Vol. 74, pp. 637–650.
——— (2013) "Vickrey-Reserve Auctions and an Equilibrium Equivalence," *Mathematical Social Sciences*, Vol. 65, pp. 112–117.

第 3 章

国債オークション

池邉暢平*・坂井豊貴

1 はじめに

　日本政府の国債発行が話題になることは多いが，国債がオークションで販売されていることはあまり知られていない．そしてどのオークション方式が使われるべきかについては議論されることも少なく，そもそもそうした問題が存在すること自体，あまり知られていないように思われる．しかしこれは政府の資金調達にとって重要な問題であり，本章では議論の活性化を促すべく，日本国債の発行市場の概要と，国債オークションの基本的な考え方を併せて紹介する[1]．以後，日本国債を念頭に置き議論を進めるが，特に必要のない限り「日本」と明記しない．

　国債は「国の借金」と表現されることが多い．しかしそれだけでは国債がどのような商品であるのか分からない．そこでまず商品としての国債の基本的な考え方を述べよう．基本的に国債とは，「一定期間後に政府から一定の金額を受け取れる権利」のことである．例えば 1 年物の国債を 1 億円分保有するとは，「1 年後に政府から 1 億円を受け取る権利」を持つことを意味する．

---

*　本稿に記されている見解は筆者個人に属し，筆者が所属する組織の公式見解を示すものではない．また，ありうべき誤りは全て筆者個人に属する．

[1]　国債オークションの優れたサーヴェイとして Das and Sundaram (1997), Binmore and Swierzbinski (2000), 上田 (2010) を挙げておく．

この権利を購入することのリスクは何か．いくつか列挙してみよう．

- 1年後に物価が上昇していれば，1億円の実質的な価値は下がる．つまりインフレリスクがある．
- 1年後に円安が発生していれば，1億円の対外価値は下がる．例えば，アメリカに工場を建てる準備として，円建ての国債で資産を保有した場合，対ドルの為替リスクに晒されることになる．
- 政府の財政が破綻して，1億円払ってくれないかもしれない．日本でこの可能性は短期的にはまず無いが，長い期間になると分からない．少なくとも歴史上，財政破綻によって債務不履行を起こした例はたくさんある．
- 保有者が個人の場合，1年後に死亡しているかもしれない．このとき当人が1億円を受け取ることはできない．また，天変地異や戦災により政府や人類が滅んでいるかもしれない．

いまある資産家が「1年物の国債を1億円分」購入することを検討しているとする．彼はそれをいくらで買おうと思うだろうか．上記の事柄を考慮すると，1億円払う気にはなれないだろう．しかし例えば9,800万円なら払ってもよいと考えるとする．その金額を価格として取引が成立するならば，この資産家は「現在の9,800万円」と「1年後に政府から1億円を受け取る権利」を交換したことになる．そしていま

$$\frac{1億}{9,800万} = 1.0204\cdots$$

なので，彼は利率が約2.04パーセントの債券を日本政府から9,800万円分購入したものと考えてもよい．国債の価格と利率は逆数の関係にあるというが，それはこのような意味である．実際，この取引は政府が投資家に「9,800万円分の国債をいくらの利率で買うか」と聞き，投資家が「約2.04パーセントではどうか」と言って取引が成立したのと同じである．しばしば混乱を招く点なので再度述べるが，国債に高値が付くことと低利になることは同じ意味である．

さて，売る側である政府としては，同じ物を売るなら，できるだけ高い値段で販売したい．そのためのオークション市場というわけだ．特に日本の国家財政が大変厳しいのはよく知られている通りであり，少しでも高値（＝低利）で売れやすい，つまり発行コストの安いオークション市場を設計するのは重要な課題である．

2 国債市場の中身

2.1 国債市場

国債の市場は大別して発行市場と流通市場のふたつがある．

まず発行市場では，政府が国債を証券会社やメガバンク等のディーラーに売る．政府側で販売を担当するのは主に財務省理財局である．政府が直面する市場はこの発行市場であり，次節でここでどのオークション方式で売ればよいかを論じる．

次いで流通市場では，ディーラーが国債を投資家に売ったり，ディーラーや投資家同士が国債を売買する．政府が発行市場で売ったものが流通市場で売買されるのであって，政府は流通市場に基本的には関わらない．

流通市場は証券会社などの店頭で取引される店頭取引[2]と証券取引所で取引される取引所取引[3]に分けられるが，債券の銘柄・取引に伴う事務の多様性・売買内容の複雑さ等から店頭取引が主流になっている．ただしこうした市場の形が望ましいかどうかは別途検討が必要である．

また，流通市場では日本銀行がディーラーや投資家と，売りオペ・買いオペといった公開市場操作を行っている．売りオペでは，日銀は保有する国債

---

[2] 店頭取引での価格は，原則として当事者間の自由な取り決めにより決定される．ただし日本証券業協会の公正慣習規制は，各証券会社が社内ルールに基づく価格で取引を行うと定めている．また，日本証券業協会は，証券会社等からの報告に基づき，毎営業日に公社債店頭売買参考値を公表している．金融機関同士での店頭取引は仲介業者を通じて行われることが多いが，そこでの価格は仲介業者が公表している．こうした情報公開を通じて価格の相場が形成される．

[3] 取引所取引については，現在2・5・10・20・30・40年物固定利付国債が，東京・大阪・名古屋の各証券取引所に上場され，日々の売買高が公表されている．

をディーラーや投資家に売って，貨幣を吸収する．買いオペでは，日銀はディーラーや投資家から国債を買って，貨幣を放出する．なお，2013年4月から日銀は「異次元の金融緩和」を行い，約90兆円の国債を買いオペしている．これは第二次安倍政権の意向を受けてのものであり，実質的に政府が流通市場に関与していることになる．

国債は発行市場を通じて流通市場へと流れていく．発行市場で国債を買ったディーラーは，その国債を自身で保有して将来利子収益と元本を受け取るか，流通市場で売る[4]．証券会社ディーラーはほとんどの国債を流通市場で売るが，メガバンクなど他のディーラーは一部を保有して一部を流通市場で売る．当然ながらどのディーラーも，流通市場でよく売れると予想するなら，発行市場で国債を多く獲得しようと考える．

2.2 国債の種類

国債を保有すると，将来，利子と元本を得ることができる．ここでは国債を，発行から満期までの期間と，利子の支払い方から分類しよう．まず，発行から満期までの期間は，短期（1年），中期（2年・5年），長期（10年），超長期（20年・30年・40年）などがある．そして利子の支払い方には以下の3通りがある．

割引国債 利子はなく，満期になると国債の保有者に額面金額が償還される．例えば，額面金額100万円の1年物国債を持っていると，1年後に100万円を受け取る．短期国債は割引国債である．

固定利付国債 発行から満期までの半年ごとに，発行時に決められた（年間）表面利率に基づく利子が支払われ，満期になると額面金額が償還される．例えば，額面金額100万円で年間表面利率3%の5年物国債を持っていると，発行から満期までの半年ごとに1.5万円（=100万円 $\times 0.03 \times \frac{1}{2}$）の利子[5]を，5年後に100万円を受け取る．中期国債，長期国債，超長期国債は固定利付国債である．

---

[4] 一定期間保有してその間に利子を受け取った後，流通市場で売ることも可能である．
[5] この $\frac{1}{2}$ は半年ごとに利子を受け取ることに対応している．

第3章　国債オークション

物価連動債　表面利率は固定されているが物価の動向に連動して元本が増減し，それに伴い利子が増減する．現在は10年物国債の中に物価連動債がある．

他にも個人向け国債などがあるが省略する．次の表は，2013年度の市中発行額[6]での各種国債の発行予定額をまとめたものだ．1年債，2年債，5年債，10年債の割合が大きい．

表3-1　2013年度の市中発行額の各種内訳

国債の種類	流動性供給入札	1年	2年	5年	10年
発行額(兆円)	7.2	30.0	34.8	32.4	28.8
1回の発行額(兆円)×回数	0.6×12回	2.5×12回	2.9×12回	2.7×12回	2.4×12回
シェア (%)	4.6	19.2	22.2	20.7	18.4

国債の種類	10年物価連動	20年	30年	40年	合計
発行額(兆円)	0.6	14.4	6.8	1.6	156.6
1回の発行額(兆円)×回数	0.6×1回	1.2×12回	0.5×4回 + 0.6×8回	0.4×4回	-
シェア (%)	0.4	9.2	4.3	1.0	100

2.3　発行市場の詳細

2.3.1　プライマリー・ディーラー制度

これから発行市場の概要を説明する[7]．発行市場では，2004年10月から国債市場特別参加者制度（プライマリー・ディーラー制度）が導入されている．これは財務省が特定の金融機関に対して国債市場特別参加者と認め，優遇措

---

[6]　後述する価格競争入札・非競争入札・第一非価格競争入札での発行額の合計である．
[7]　ここでは入札者をディーラーに絞って話を進める．他の入札者として，個人と日本銀行がある．しかし個人は購入額が微小である．また日本銀行は，買いオペで保有した国債が満期を迎えた際に，新規の国債に買い直すために発行市場に参加するが，本節の話とはあまり関係がない．

置を与えるとともに，発行市場で一定の国債購入を求めるものだ[8]．これら国債市場特別参加者を以後 PD，それ以外の参加者を非 PD と呼ぶ．

これから 4 つの方式，価格競争入札，非競争入札，第一非価格競争入札，第二非価格競争入札について説明していく．これらは名称が似ており紛らわしいので注意する必要がある．まず PD と非 PD の違いを述べておこう．

- PD は，価格競争入札，第一非価格競争入札，第二非価格競争入札のどれにでも参加できる．
- 非 PD は，価格競争入札か非競争入札のどちらか一方のみに参加できる．

2.3.2 価格競争入札

価格競争入札とは，いわゆるオークションのことである．2013 年 12 月時点で 250 社の金融機関が，財務省から参加者として認定されている．このうち 23 社が PD で，残りの 227 社が非 PD である．各入札者は，財務省が公表した条件（発行予定額・償還期限・表面利率など）に対し，落札希望価格と落札希望額のペアをビッドする．そのペアは複数個あってもよい．落札希望価格の高い順に，予定額に達するまでの額が落札される．もう少し詳しく書いておこう．

落札希望価格　入札者は国債の表面元本を 100 円とした場合，いくらで国債を落札したいかをビッドする．例えば 99 円 54 銭のように，円以下の 2 桁まで決められる．

落札希望額　入札者は落札したい金額をビッドする．1 口当たり 1 億円が基本である．以後，本章の議論では，単位を「口数」に取り，5 億円のことを 5 口のように表す．

数値例をひとつ与えよう．いま 1 口 1 億円の国債が 100 単位発行されるケース例を考える．各入札者は「いくらでいくつ買う」情報を表す価格と国

---

[8] 2013 年 12 月の時点で PD は 23 社ある．それらはいわゆる有名どころの証券会社やメガバンクである．PD になるためには一定の条件を満たしたうえで申請する必要がある．PD の義務は様々あるが，大雑把にまとめて言えば，国債市場で相応の規模の競争的な入札を行い，国債の消化に貢献するということである．

債の口数のペアをいくつかビッドし，価格が上位のものから順に国債の割り当てがなされる．いま 3 人の入札者 A, B, C が存在し，それぞれのビッド b_i が

$$b_A = ((100\text{円}, 30\text{口}), (98\text{円}, 40\text{口}))$$
$$b_B = ((99\text{円}, 20\text{口}), (94\text{円}, 50\text{口}), (93\text{円}, 10\text{口}))$$
$$b_C = ((96\text{円}, 20\text{口}), (93\text{円}, 40\text{口}))$$

であるとしよう．この読み方を B で言えば表面元本 100 円に対して「99 円で 20 億円分」，「94 円で 50 億円分」，「93 円で 10 億円分」である．

するとまず A の（100 円，30 口）に対して 30 口が，次に B の（99 円，20 口）に対して 20 口が，そして A の（98 円，40 口）に対して 40 口が割り当てられる．そして残る $100 - (30 + 20 + 40) = 10$ 口が，C の（96 円，20 口）のうち 10 口に対し割り当てられる．よって割り当ての結果は次の通り．

- A は 70 億円分の国債を購入する．
- B は 20 億円分の国債を購入する．
- C は 10 億円分の国債を購入する．

さてここで支払い額の算定だが，コンベンショナル方式とダッチ方式の 2 種類がある．これらは国債市場用語であり，オークション理論の用語ではない．

コンベンショナル方式　各落札者は落札した国債に対し自分がビッドした価格を支払う．ほぼすべての国債（40 年物と物価連動債でないもの）がこの方式でオークションされている．オークション理論においてコンベンショナル方式は，ビッド支払いオークション（pay-as-bid auction）と呼ばれている．この方式のもとでの結果は以下の通り．

- A は 70 億円分の国債を購入し，支払い額は $1.00 \times 30 + 0.98 \times 40 = 69.2$ 億円．
- B は 20 億円分の国債を購入し，支払い額は $0.99 \times 20 = 19.8$ 億円．

表 3-2 非競争入札の特徴

国債の種類	入札のタイミング	発行価格	応募限度額
2・5・10年物	競争入札と同時	競争入札の落札価格の加重平均	原則各入札参加者につき10億円

- C は10億円分の国債を購入し，支払い額は $0.96 \times 10 = 9.6$ 億円．
- 政府は計98.6億円得る．

ダッチ方式 各落札者は最低落札価格を支払う．40年物と物価連動債がこの方式である．いまの例だと最低落札価格は96円となる．オークション理論においてダッチ方式は，均一価格オークション（uniform price auction）と呼ばれている．この方式のもとでの結果は以下の通り．

- A は70億円分の国債を購入し，支払い額は $0.96 \times 70 = 67.2$ 億円．
- B は20億円分の国債を購入し，支払い額は $0.96 \times 20 = 19.2$ 億円．
- C は10億円分の国債を購入し，支払い額は $0.96 \times 10 = 9.6$ 億円．
- 政府は計96億円得る．

2.3.3 非競争入札

名称が紛らわしいのだが，非競争入札とは，いわゆるオークション的な入札とは異なる．入札者は，10億円以内であれば，価格競争入札での落札価格の加重平均で希望額分ちょうどの国債を買うことができる．主に中小の金融機関が対象である．PDは非競争入札には参加できないが，代わりに類似した第一非価格競争入札に参加できる．

2・5・10年物の国債で非競争入札は用いられており，原則として1口100万円である．入札者は，価格競争入札の開始と同時に何口落札したいかをビッドする．つまり価格となる加重平均額を確認してからビッドすることはできない．

表3-3 第一・第二非価格競争入札の特徴

入札制度	第一	第二
国債の種類	1年・2年・5年・10年・20年・30年	2年・5年・10年・10年物価連動・20年・30年・40年
入札のタイミング	競争入札と同時	価格競争入札の結果公表後
発行価格	競争入札の落札価格の加重平均	競争入札の落札価格の加重平均
全体での発行限度額	全体の発行予定額のうち10%	—
各入札者の応札・落札限度額	直近2四半期の落札実績に応じて決められる各社ごとの応札限度額	直近2四半期の応札実績に応じて決められる各社ごとの応札限度額

2.3.4 第一・第二非価格競争入札

またもや言葉が紛らわしいのだが，第一・第二非価格競争入札もいわゆるオークション的な入札ではない．そしてこれらにはPDしか参加できない．両方式の特徴を表3-3にまとめている．

非競争入札と比べれば，第一非価格競争入札はやり方は同じだが，より種類が多く金銭規模も大きい．第二非価格競争入札は，入札のタイミングが価格競争入札の結果公表後なので，これは価格が分かってからの純粋な「お買い物」である．

つまり第一非価格競争入札と第二非価格競争入札は，価格が「価格競争入札での落札価格の加重平均」であるという点が同じだが，応募限度額と入札のタイミングが異なる．そしてPDは価格競争入札に参加しているため，価格競争入札での自身の入札行動が，第一・第二非価格競争入札での発行価格に影響を与える．非PDは（価格競争入札には参加できるが）ここには参加できない．

2.3.5 まとめ

これまで価格競争入札，非競争入札，第一・第二非価格競争入札について説明した．最近の入札における各制度での発行額と価格を表3-4にまとめ

表 3-4 平成 25 年度の国債発行状況の一部

国債の種類	入札日*	表面利率 (%)	応募額 (億円)	落札・割当額 (億円)	平均価格 (円)	最低価格 (円)	非競争 (億円)	第一非価格競争 (億円)	第二非価格競争 (億円)
40 年	8/20	1.9	13,477	3,995	–	99.450	–	–	402
30 年	11/12	1.8	19,991	4,541	103.700	103.650	–	448	5
20 年	10/22	1.7	47,499	10,957	103.470	103.400	–	1,034	0
10 年	11/6	0.6	80,372	21,769	99.950	99.940	54.07	2,167	2,025
10 年物価連動	10/8	0.1	11,231	2,999	–	104.650	–	–	438
5 年	10/16	0.2	118,405	24,506	99.850	99.840	37.26	2,450	4,031
2 年	10/29	0.1	213,522	26,831	100.010	100.005	41.65	2,121	0
1 年	10/16	–	171,954	23,330	99.936	99.935	–	1,669	–

注：* 平成 25 年/月日.

ておこう.

この表における「表面利率（%）」とは1年当たりの利率である．「応募額（億円）」と「落札・割当額（億円）」は価格競争入札に関するものだ．「平均価格（円）」は競争入札における落札価格の加重平均である．ダッチ方式である40年物・物価連動債は，発行価格が最低落札価格であるため平均価格は記していない．そして「最低価格（円）」は競争入札での最低落札価格である．「非競争（億円）」と「第一非価格競争（億円）」と「第二非価格競争（億円）」は，それぞれのもとでの発行額を表している．

4つの方式の発行額を比較すると，競争入札に比べ非競争入札の発行額はきわめて小さい．第一・第二非価格競争入札での発行額は，競争入札に比べれば小さいが，微小ではない．また，価格競争入札で平均落札価格と最低落札価格が接近していることから，入札は競争的であると考えられる．

3 オークション方式の検討

3.1 国債オークションの特徴

まずオークション理論の観点から国債オークションの主な特徴を挙げておこう．

- 同じ財が多量に販売される．例えば1兆円ぶんの国債をオークションにかけるならば，1口1億円としても，1万個の同じ財が販売されることになる．こうしたケースを同質複数財と言う．基本ケースである単一財オークションより複雑で，周波数オークションなどで脚光を浴びる組み合わせオークションと比べると単純である．
- 収益の上がるオークション方式を選ぶのが重要である．ここで収益が上がるとは，高値で国債を買ってもらうこと，低金利となることを意味する．国債の発行コストをできるだけ下げたいわけだ．
- どのオークション方式だと収益が高くなりやすいか考えるとき，単一財オークションの発想に引きずられてはならない．国債市場の関係者がオークション理論を参考にするときに，基本ケースである単一財オークションでの結果を過度に重視する恐れがある．単一財オークションの理論では，「ある一定の条件のもとでは，どのオークション方式を用いても期待収益が等しくなる」という収益同値定理（Vickrey 1961）が非常に目立つ．しかしこの定理は基本的には単一財オークションのもとでのみ成り立つ結果であり，しかもそれなりに強い条件の成立を前提とする．同質複数財の国債オークションを考えるときに，収益同値定理を重視するのは適切でない．1990年代にアメリカで国債オークションの議論が盛んになったが，そこでも単一財オークションにおいてのみ成り立つ結果を安易に適用する論者が多かった．
- どのオークション方式だと収益が高くなりやすいか考えるとき，組み合わせオークションの発想に引きずられてはならない．組み合わせオークションには，組み合わせ論的な様々な問題が発生するが，同質複数財の国債オークションではそれらは基本的に起こらない[9]．

- 入札者にとって国債は，独自のポートフォリオの一部である面では私的価値であり，また同じ流通市場で売る面では共通価値（Wilson 1977）である．また，独自のポートフォリオと言っても，共通のインフレリスクなどに晒されるので共通価値の側面もある．私的価値と共通価値の間を相互依存価値（Milgrom and Weber 1982）と言い，国債は相互依存価値の財だと言えるが，種類によって「間」のどの辺りにあるか注意する必要がある．Hortacsu and Kastl（2008）はカナダの国債オークションの入札データから，3カ月物は私的価値の要素が強い一方，1年物はそうではないと論じている．

3.2 様々な方式

以上のことを念頭に置き，オークション方式の紹介に移ろう．国債の発行数を L とする．各入札者 i が提出するのは L 個の数からなるビッドベクトル

$$b_i = (b_{i1}, b_{i2}, \ldots, b_{iL})$$

である．ただしビッドは「限界便益逓減」を表す

$$b_{i1} \geq b_{i2} \geq \cdots \geq b_{iL}$$

の条件を満たすものに限る．なお，入札者は実際に L 個の数を提出する必要はなく，例えば「9900万円で30口，9800万円で20口」のように提出すればよい．これは

$$b_i = (\underbrace{9900万, \ldots, 9900万}_{30個}, \underbrace{9800万, \ldots, 9800万}_{20個}, \underbrace{0, \ldots, 0}_{L-(30+20)個})$$

を提出したものと見なせるからである．

---

[9] 限界便益逓減の設定が，組み合わせ論的な問題をすべて解消するからである．第2章の用語で言えば v_i が代替性条件を満たす．次項で扱う様々なオークション方式はいずれもコア選択的になっている．国債オークションのモデルでは，常識的に定義されたオークション方式は大抵コア選択的である．

入札者が n 人いるとすれば，各自が L 個の数を提出するので，オークションの主催者には $n \times L$ 個の数が集まることになる．それらの中で上位 L 個を勝ちビッドと呼ぶことにしよう[10]．そして勝ちビッドのうち最も低い値，つまりちょうど上位 L 番目になったものを $b[L]$ で表し，それを最低落札価格と呼ぶ．入札者 i の勝ちビッドの数を $d_i(b)$ で表すと，i の勝ちビッドとは

$$(b_{i1}, b_{i2}, \ldots, b_{id_i(b)})$$

である．また，勝ちビッドでない $(b_{id_i(b)+1}, \ldots, b_{iL})$ を負けビッドと呼ぶ．

では i にいくら支払わせるか．主な決め方を例を用いて紹介しよう．いま 3 人の入札者 $i = A, B, C$ がいて，$L = 10$ として，次のビッドベクトルを考えてみよう．

$$b_A = (10, 10, 10, 8, 8, 7, 7, 5, 5, 0)$$
$$b_B = (9, 9, 4, 4, 4, 4, 4, 3, 0, 0)$$
$$b_C = (6, 6, 6, 6, 3, 3, 0, 0, 0, 0)$$

ここで A は 7 個得て，B は 2 個得て，C は 1 個得る．同様に，勝ちビッドは b_A の前から 7 つ，b_B の前から 2 つ，b_C の前から 1 つである．以後の議論を分かりやすくするために，勝ちビッドを太字にしてビッドベクトルを表記しておこう．

	1個目	2個目	3個目	4個目	5個目	6個目	7個目	8個目	9個目	10個目
b_A	**10**	**10**	**10**	**8**	**8**	**7**	**7**	5	5	0
b_B	**9**	**9**	4	4	4	4	4	3	0	0
b_C	**6**	6	6	6	3	3	0	0	0	0

これから主なオークション方式を見ていこう．

ビッド支払いオークション（前節で言うコンベンショナル方式） 各入札者は自身のビッドをそのまま支払う．支払い額を $p_i(b)$ で表すとそれらは

---

[10] 上位 L 番目が複数あるときにはランダムに選ぶことにするが，この点は重要でない．

- $p_A(b) = 10 + 10 + 10 + 8 + 8 + 7 + 7 = 60$
- $p_B(b) = 9 + 9 = 18$
- $p_C(b) = 6$

となる．

　ビッド支払いオークションは，単一財オークションにおける第一価格オークションをそのまま拡張したものである．日本を含む多くの国で用いられているが，特に性能が良いわけではない．この方式のもとでは，入札者は，ビッドがそのまま支払い額に直結するので，いかに安く勝つかが勝負となる．つまり皆が相手のビッドを予想してそのわずかだけ上をビッドしようとするのでギャンブル性が高い．ギャンブル性が高いこと自体はここでは問題としないが，売り手にとってギャンブル性が高いとは「場が荒れやすい」ことを意味する．国債は未達（売り残し）を避けることが重要視されており，また堅調な販売が望まれている．場の荒れはこの目的に馴染まない．

　ただし前節で述べたように，日本の国債オークションはほぼすべてがビッド支払い方式で販売されているが，基本的には高値で安定した販売が実現している．これは現時点では国債への人気が高く，「いかに安く勝つか」を目指して安値を付けるとすぐに負けてしまうためであろう．しかしビッド支払いオークション自体は特に優れた方式ではない．国債の人気が高いために，方式のまずさが不調を生み出していないと推測される．

均一価格オークション（前節で言うダッチ方式）　最低落札価格を1単位当たりの価格として支払う．ここでそれは $b_{C1} = 6$ であり

- $p_A(b) = 6 \times 7 = 42$
- $p_B(b) = 6 \times 2 = 12$
- $p_C(b) = 6 \times 1 = 6$

となる．

　均一価格オークションのもとでは各入札者が最低落札価格へ与える影響は低く，ビッド支払いオークションと比べるとギャンブル性はかなり下がる．

ビッド支払いオークションと数字自体を比較してみると，均一価格オークションのもとでは

$$60 + 18 + 6 = 84 > 60 = 42 + 12 + 6$$

なので支払い額が減っている．つまり一見，売り手としては収益が下がったように見える．

しかしこれは両方式を同じビッドのもとで比較しているから当然である．実際には入札者は，ビッド支払いオークションのもとでは「いかに安く勝つか」を考慮して安値を付け，均一価格オークションのもとでは比較的安心して高値を付けられる．だから同じビッドのもとで収益の比較をするのは無意味なのだ．

アメリカ政府は1992年にビッド支払いオークションから均一価格オークションへの制度移行を行った．この制度移行が収益の増加に貢献したか実証的に判断するのは必ずしも容易でない[11]．制度移行以外の様々な経済要因がオークションに影響を与えるからだ．諸方式の比較には，環境を統制した実験研究が特に適していると思われる．

均一価格オークションのもとでは入札者が「多くの個数を得ようとしない」ビッドをする，需要削減という戦略的行動が起こりうることがAusubel and Cramton (2002) により指摘されている．そうした行動が起こると収益は当然ながら下がる．彼らの研究以降，需要削減が分析されることは多いが，それが実際の国債オークションでどこまで深刻な問題なのかは定かでない．需要削減の研究は $L = 2$ の設定でなされることが多く，その設定は問題の発生（低収益化）にかなり本質的だからである．

スペイン式オークション　勝ちビッドのうち「すべての勝ちビッドの平均金額以上」のものには，その平均金額の支払いを割り当てる．平均以下の勝ちビッドにはそのままの金額を割り当てる．つまり平均金額を上限価格にするわけだ．いまの例だとその平均金額は

---

[11] Koesrindartoto (2004) の第1節を参照せよ．

$$\frac{10+10+10+9+9+8+8+7+7+6}{10} = 8.4$$

になるので

- $p_A(b) = 8.4 + 8.4 + 8.4 + 8 + 8 + 7 + 7 = 55.2$
- $p_B(b) = 8.4 + 8.4 = 16.8$
- $p_C(b) = 6$

となる．

　これはその名の通りスペインで使われているものである．スペイン式オークションは，均一価格オークションほどではないにせよ，ビッド支払い方式と比べると，安心して高値が付けやすくなっている．これはビッド支払いオークションと均一価格オークションのある種のハイブリッドだが，その目指すものは明瞭だろう．

　Abbink et al. (2006) は共通価値の設定で実験による比較研究を行い，スペイン式オークションと均一価格オークションは同程度の収益を上げ，それはビッド支払い方式の収益より高くなることを観察している．Álvarez and Mazón (2007) はコンピュータシミュレーションで，やはりスペイン式はビッド支払い方式より収益が高くなると結論付けている．彼らの観察によると，スペイン式のもとでは需要削減は起こらないが，これはスペイン式の定義を考えれば納得できる．

　さて，第1–2章を読まれた方の中には，本章でこれまでVCGオークション（メカニズム）が出てきていないことに違和感を覚えた人がいるかもしれない．いよいよその登場だが，同質複数財のモデルではそれはヴィックリーオークションと呼ぶのが標準的である．

ヴィックリーオークション（VCGオークション）　各入札者 i は，自分の勝ちビッドの個数を $d_i(b)$ とすると，「他人の負けビッドの中で上位 $d_i(b)$ 個分」を支払う[12]．いまの例だと

---

[12] 第1–2章で論じられたVCGオークションは，国債オークションのモデルではこの形状を取る．

- $p_A(b) = 6+6+6+4+4+4+4 = 34$
- $p_B(b) = 6+6 = 12$
- $p_C(b) = 5$

となる．

現時点では，国債オークションの文脈においてヴィックリーオークションは人気がない．それは収益が下がるかもしれないという懸念があるからだ．ヴィックリーオークションは耐戦略性を満たすので，最も「安心して高値を付けられる」方式である．しかしそれでも i の支払いが「他人の負けビッドの中で上位 $d_i(b)$ 個分」ということは，収益は結構少ないのではないか．それを気にするわけだ．しかしこれは精査が必要な話であり，オークションが十分に競争的であれば「他人の負けビッドの中で上位 $d_i(b)$ 個」は，最低落札価格に近い金額になる．要するに入札者側が「ビッドの上位だけでなく，もう少し下のほう」もきちんと高い金額，いわばシリアスなビッドをしてくれればよいわけだ．つまりシリアスビッドが多いならば，耐戦略性を満たすヴィックリーオークションは魅力的である．シリアスビッドが多いかどうかは過去の国債オークションのデータから判断できるので，今後，日本での方式変更を検討するならば，それは重要な判断材料となる．また，ヴィックリーオークションは耐戦略性を満たす以上，需要削減も起こらないと考えられる．実際，Kagal and Levin（2001）は，ヴィックリーオークションの動学版であるオーズベルオークション（Ausubel 2004）の実験研究を行い，均一価格オークションより収益が上がることを観察している．

ただしヴィックリーオークションの定義がやや複雑であることや，シリアスビッドの問題を懸念するならば，ヴィックリーオークションの使用は勧めにくい．そこでヴィックリーオークションの最大の利点である耐戦略性を，部分的にでも満たすルールを作れはしないかという問題意識に基づき，スペイン式の「成功」を念頭に置いたうえでそれを改良したのが，次の中位上限オークションである（Sakai 2014）．

中位上限オークション 勝ちビッドのうち「すべての勝ちビッドの真ん中

（中位）以上」のものには，その金額の支払いを割り当てる．中位以下の勝ちビッドにはそのままの金額を割り当てる．つまり中位を上限金額とするわけだ．いまの例だと10が偶数であるため，10個の数

$$10, 10, 10, 9, 9, 8, 8, 7, 7, 6$$

の中位は9と8のふたつがあるが，ここでは低いほうである8を選ぶことにしよう[13]．すると支払い額は

- $p_A(b) = 8 + 8 + 8 + 8 + 8 + 7 + 7 = 54$
- $p_B(b) = 8 + 8 = 16$
- $p_C(b) = 6$

となる．

　平均を上限に設定した場合，平均を越すビッドは平均を吊り上げる影響を与えてしまう．しかし中位の場合は，中位を越すビッドは中位を吊り上げない．極端な話 (10, 10, 10, 9, 9, 8, 8, 7, 7, 6) が (100, 100, 100, 9, 9, 8, 8, 7, 7, 6) になっても中位は8（と9）のままだからである．よって安心して高値をビッドしやすいわけだ．中位上限オークションの実験研究はまだない．しかしスペイン式オークションの実験結果が高収益であることを考えれば，その理論的な改良案である中位上限オークションがさらに高収益であったとしても不思議ではない．

4　おわりに

　本章では日本の国債市場の構成について概観するとともに，そこで重要な役割を果たすオークション方式の比較検討を行ってきた．いま日本で使われているビッド支払いオークションを是とする理由は乏しく，代替案には均一価格，スペイン式，ヴィックリー，中位上限などがある．どれが適しているかは国債の種別によっても変わってくるだろうが，需要削減の可能性やシリ

---

[13] これは議論に本質的でなく，9でもかまわない．

アスビッドの存在は判断材料として重要である．スペイン式と中位上限のような，ビッド支払いと均一価格のハイブリッドは，これらの問題に対して比較的頑健であると考えられる．日本国債がそれなりに堅調に売れているうちに，今後の方式変更を検討しておくのが大切であろう．

【謝辞】
坂井豊貴の研究の一部は科研費（24220003）の援助を受けており，ここに記して感謝する．

【参考文献】
上田晃三（2010）「オークションの理論と実際——金融市場への応用」『金融研究』第29巻第1号，pp. 47–90.
財務省（2011）『国債統計年報（平成23年度）』．
――――（2013）『債務管理レポート2013』．
日本銀行金融研究所編（2011）『日本銀行の機能と業務』有斐閣．
Abbink, K., Brandts, J. and Pezanis-Christou, P. (2006) "Auctions for Government Securities: A Laboratory Comparison of Uniform, Discriminatory and Spanish Designs," *Journal of Economic Behavior and Organization*, Vol. 61, pp. 284–303.
Álvarez, F. and Mazón, C. (2007) "Comparing the Spanish and the Discriminatory Auction Formats: A Discrete Model with Private Information," *European Journal of Operational Research*, Vol. 179–1, pp. 253–266.
Ausubel, L. M. (2004) "An Efficient Ascending-bid Auction for Multiple Objects," *American Economic Review*, Vol. 94, pp. 1452–1475.
Ausubel, L. M. and Cramton, P. (2002) "Demand Reduction and Inefficiency in Multi-unit Auctions," Working Paper, University of Maryland.
Binmore, K. and Swierzbinski, J. (2000) "Treasury Auctions: Uniform or Discriminatory?" *Review of Economic Design*, Vol. 5, pp. 387–410.
Das, S. R. and Sundaram, R. K. (1997) "Auction Theory: A Summary with Applications to Treasury Markets," NBER Working Paper No. 5873.
Hamao, Y. and Jegadeesh, N. (1998) "An Analysis of Bidding in the Japanese Government Bond Auctions," *Journal of Finance*, Vol. 53–2, pp. 755–772.
Hortacsu, A. and Kastl, J. (2008) "Testing for Common Values in Canadian

Treasury Bill Auctions," mimeo.

Kagel, J. H. and Levin, D. (2001) "Behavior in Multi-Unit Demand Auctions: Experiments with Uniform Price and Dynamic Vickrey Auctions," *Econometrica*, Vol. 69–2, pp. 413–454.

Koesrindartoto, D. (2004) "Treasury Auctions, Uniform or Discriminatory?: An Agent-Based Approach," Working Paper, Iowa State University.

Milgrom, P. and Weber, R. J. (1982) "A Theory of Auctions and Competitive Bidding," *Econometrica*, Vol. 50, pp. 1089–1122.

Nyborg, K. G., Rydqvist, K. and Sundaresan, S. M. (2002) "Bidder Behavior in Multiunit Auctions: Evidence from Swedish Treasury Auctions," *Journal of Political Economy*, Vol. 110–2, pp. 394–424.

Sakai, T. (2014) "A Partially Strategy-proof Treasury Auction Rule: The Median Bound," mimeo, Keio University.

Vickrey, W. (1961) "Counterspeculation, Auctions, and Competitive Sealed Tenders," *Journal of Finance*, Vol. 16, pp. 8–37.

Wilson, R. (1977) "A Bidding Model of Perfect Competition," *Review of Economic Studies*, Vol. 44–3, pp. 511–518.

第4章
最適シグナル

田村　彌

1　はじめに

　経済主体の意思決定に影響を与える方法は大きく分けて2つある．1つは契約や制度設計などにより経済主体の利得を変化させる方法，つまりインセンティブのコントロールである．たとえばオークションなど資源配分ルールを考えるときには，財が効率的ないし公平に配分されるためにうまく取引ルールを構築しなければならないし，労働契約の場面では労働者が怠けたり適切な選択をしなかったりといった問題が起こらないように，契約を結んだり組織をデザインしたりする必要がある．契約理論あるいはメカニズムデザインでは，制度設計に関する分析の枠組みや個人のインセンティブをうまく調整するさまざまな方法が提案されている．

　もう1つはコミュニケーションや情報政策などにより経済主体の予想を変化させる方法，つまり情報のコントロールである．たとえば誰かに仕事を頼むときには，金銭的対価を用意するのではなく，その仕事が引き受けてくれる人にとっていかに有益なものであるか説明し説得するという形をとることは少なくないだろう．また家電量販店で何か買おうとすれば店員はさまざまな情報を提供し，おそらくは自分が勧める商品がいかに客のニーズに合ったものか説明するだろう．企業は広告や営業活動に多額の支出を行っているし，金融政策の文脈では市場の期待のコントロールあるいは市場とのコ

ミュニケーションの重要性が活発に議論されている．さまざまな場面で情報や期待が意思決定を左右しているのである．そういった「情報のコントロール」についての分析は，比較的新しく今後発展が期待される研究領域と思われる．

　本章では単純な例に即して近年の研究で提示されたいくつかの有用なアプローチを解説し，その応用例を紹介することを目的とする．次節で提示する例の設定をここで簡単に説明しておこう．いま合理的な経済主体（意思決定者）がいるとしよう．彼はある仕事を引き受けるかどうか迷っているとする．仕事の形式的な内容は理解しているが，実際にどの程度大変な仕事か，どのくらい時間を拘束されるか，仕事の経験が将来どのくらい役に立つかといったことはよくわからない状況にある．単純化のため将来役に立つのなら引き受ける，そうでないなら引き受けないというのが彼にとっての最適な行動であるとしよう．もうすこし丁寧に説明すると「役に立つ」の確率が50％以上のときに限って引き受けるとしよう．ここで仕事の依頼者（情報提供者）が説得にあたる．彼は経験上仕事の実際の内容や意思決定者の選好などを把握しており，いま依頼する仕事が役に立つのかそうでないのかわかっているとしよう．さて，仕事を引き受けてくれる確率を最大にするにはどのような説得戦略で臨めばよいだろうか．

　説得戦略，コミュニケーションポリシー，情報開示ルール，文脈に応じてさまざまな解釈が可能な情報提供はモデルの中ではシグナルとして記述される．シグナルはシグナル表示の集合とシグナル分布の組によって定義される．形式的な定義は次節で説明するので，ここでは具体例を挙げよう．いま情報提供者の選択するシグナルは，「必ず役に立つ」，「おそらく役に立つ」，「全く役に立たない」というシグナル表示の可能性があり，シグナル分布は「役に立つ」のときに最初の2つを半々の確率で表示し，「役に立たない」のときには3つのシグナル表示を等確率で表示する，といった具合に定義される．シグナル表示は伝達するメッセージであり，シグナル分布はどの場合にどのメッセージを伝えるか決める戦略と理解してもらってよい．シグナルを選択することで情報提供者は意思決定者の期待を変化させ，意思決定に影響を与えることができる．

情報提供者の利得を明示的に定義し，彼の期待利得を最大にするシグナルを最適シグナルと呼ぶ．最適シグナルは事前の期待利得を最大にするコミュニケーション戦略であり，事前にその戦略にコミットできることを仮定している．仕事の依頼の文脈に即して言えば，長期的関係や評判などのメカニズムが働く状況において適用が可能である．シグナルの解釈については次節でより詳しく議論することにする．

最適シグナルの分析に際して本章では2つのアプローチを対比させる形で進めていく．1つ目は意思決定者の行動をコントロールすることに着目したメカニズムデザインアプローチである．意思決定者にある行動をとらせたいときは，意思決定者がその行動をとるインセンティブを持たなければならない．このアプローチではとらせる行動を所与として，その行動選択が誘因両立条件を満たすためにはどのような情報提供が必要か，といった視点で分析を進める．もう一方はビリーフデザインアプローチと本章で呼ぶものである．意思決定者の行動は彼の状態に関する予想や期待に依存している．そこで情報提供のあり方によってどのような期待形成が実現できるか，という視点で分析を進める．すなわち予想や期待のコントロールに着目したアプローチである．同じ問題に対して異なるアプローチを適用することでその違いや特徴などが明らかになるだろう．

2 例

プレイヤー1人の単純な意思決定問題を考えよう．起こりうる状態の集合を $\Omega = \{\omega_0, \omega_1\}$ とする．選択可能な行動の集合は $A = \{a_0, a_1\}$ とし，意思決定者の利得は行動 $a \in A$ と状態 $\omega \in \Omega$ に依存する．具体的には，意思決定者の利得関数 $u(a, \omega)$ は

$$u(a_i, \omega_j) = \begin{cases} 1 & i = j \text{ のとき} \\ 0 & i \neq j \text{ のとき} \end{cases} \tag{1}$$

つまり，行動が状態と合っていれば（すなわち (a_0, ω_0) または (a_1, ω_1) の場合）

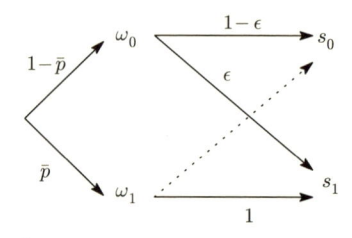

図4-1　シグナルの具体例：確率 ϵ の誤報を伴うシグナル

利得1を得て，逆に行動と状態が合っていなければ利得0を得るものとする．

　状態の事前予想は Ω 上の確率分布 $\bar{\mu} \in \Delta(\Omega)$ とする．すなわち ω_0 が実現する確率が $\bar{\mu}(\omega_0)$ であり，ω_1 が実現する確率が $\bar{\mu}(\omega_1)$ である．本節の例では状態は2通り（$|\Omega| = 2$）なので，事前予想は一次元のパラメータ $\bar{p} \in [0, 1]$ で表現することができ，

$$\bar{\mu}(\omega_0) = 1 - \bar{p} \qquad \bar{\mu}(\omega_1) = \bar{p} \qquad (2)$$

と定義する．

　状態についての利用可能な情報はシグナルとして記述される．シグナルはシグナル表示の集合 S とシグナル分布 $\pi : \Omega \to \Delta(S)$ のペア (S, π) で定義される．シグナル分布は状態の実現 ω ごとに S 上の確率分布 $\pi(\cdot|\omega) \in \Delta(S)$ を指定するものである．よって $\{\pi(\cdot|\omega)\}_{\omega \in \Omega}$ という条件付き確率分布を集めたものと定義することも可能である．抽象的な定義でわかりにくいので具体例を考えてみよう．次の式で定義されるシグナル $(S^\epsilon, \pi^\epsilon)$ は「確率 ϵ で誤報が起こるシグナル」と解釈できるものである．

$$S^\epsilon = \{s_0, s_1\} \quad \pi^\epsilon(s_0|\omega_0) = 1 - \epsilon \quad \pi^\epsilon(s_0|\omega_1) = 0$$
$$\pi^\epsilon(s_1|\omega_0) = \epsilon \qquad \pi^\epsilon(s_1|\omega_1) = 1$$

図4-1はいま定義されたシグナル $(S^\epsilon, \pi^\epsilon)$ の構造を図示したものである．s_0 が表示されるのは ω_0 のときに限るので，s_0 を観察した意思決定者は ω_0 が実現したことを知ることができる．一方，s_1 は ω_1 が実現したときだけでなく ω_0 が実現したときにも観察される可能性がある（もちろん $\epsilon > 0$ のとき

に限った話である）．そのため，s_1 を観察したとしても意思決定者はどちらの状態が実現したか確実に知ることはできない状況になる．

「シグナルの選択」はいくつかの解釈が可能である．最もシンプルな解釈はシグナルをコミュニケーション戦略とするものである．顧客の特性や要望に応じてお勧めの商品を提示するセールストークの戦略，上司が部下に対する評価をフィードバックするときの戦略などが考えられる．最適シグナルの分析は，事前の視点から見たときの最適なコミュニケーション戦略について分析する際に有用となるだろう．またシグナルを情報開示ルールと解釈することも可能である．調査結果のデータや報告書がここでの状態に対応し，公開するインデックスや統計指標がシグナルに対応する．組織内であらかじめ情報公開のあり方を決めておくときには，本章の分析が応用可能となる．ほかには実験や調査方法，つまり情報収集のあり方を決めるものと解釈することもできる．実験結果や集めたデータは開示しなければならないと決められている状況においても，実験設備の予算やサンプリングの方法，アンケートのとり方など情報収集段階を操作することで利用可能な情報をコントロールできる場面は少なくないだろう．ここでは情報収集に何の制限もなくコストもかからないと仮定したものになっており，情報収集にかかる制約を議論する場合は選択できるシグナルの集合を限定する必要が出てくる．

シグナル表示 $s \in S$ の観察により，意思決定者の状態に関する予想は事前予想から変化する．意思決定者の**事後予想** $\mu \in \Delta(\Omega)$ はベイズルールに従い，s で条件づけた Ω 上の確率分布で与えられる．事前予想 $\bar{\mu} \in \Delta(\Omega)$ およびシグナル分布 $\{\pi(\cdot|\omega)\}_{\omega \in \Omega}$ を所与とするとき，s を観察した後の事後予想 μ_s は

$$\mu_s(\omega) = \frac{\pi(s|\omega)\bar{\mu}(\omega)}{\sum_{\omega' \in \Omega} \pi(s|\omega')\bar{\mu}(\omega')} \tag{3}$$

により定義される．先ほど具体例として挙げた「確率 ϵ で誤報が起こるシグナル」（図 4-1 を参照）の場合，シグナルの実現に応じて事後予想

$$\mu_{s_0}(\omega_0) = 1 \quad \mu_{s_1}(\omega_0) = \frac{\epsilon \cdot (1-\bar{p})}{\epsilon \cdot (1-\bar{p}) + 1 \cdot \bar{p}}$$
$$\mu_{s_0}(\omega_1) = 0 \quad \mu_{s_1}(\omega_1) = \frac{1 \cdot \bar{p}}{\epsilon \cdot (1-\bar{p}) + 1 \cdot \bar{p}}$$

となることが確認できるだろう．今後，$|\Omega| = 2$ の例における事後予想は $p \equiv \mu(\omega_1) \in [0, 1]$ で表現する．たとえば $(S^\epsilon, \pi^\epsilon)$ の場合，$p_{s_0} = \mu_{s_0}(\omega_1) = 0$，$p_{s_1} = \mu_{s_1}(\omega_1) = \frac{1 \cdot \bar{p}}{\epsilon \cdot (1-\bar{p}) + 1 \cdot \bar{p}}$ となる．

さて，「最適シグナル」について話を進めよう．意思決定者の利用可能な情報を決定する主体を情報提供者と呼ぶ．情報提供者はシグナル (S, π) を選択することで自分の期待利得 $\mathbb{E}v(a, \omega)$ を最大にすることを目的とする．最適シグナルとは，情報提供者の事前の期待利得を最大にするシグナルのことを言う．なお情報提供者の利得関数 $v(a, \omega)$ の解釈は文脈や分析目的に依存し，たとえば企業の利潤とする場合もあれば社会余剰とする場合もあるだろう．

ここからの分析では，情報提供者は「意思決定者が a_1 を選択する確率を最大にしたい」と考えているとしよう．つまり情報提供者の選好は次の利得関数 $v(a, \omega)$ で定義されるものとする．

$$v(a, \omega) = \begin{cases} 1 & a = a_1 \text{ のとき} \\ 0 & a = a_0 \text{ のとき} \end{cases}$$

この利得関数のもとでは，期待利得は $\mathbb{E}v(a, \omega) = \Pr(a = a_1)$ となる．

ここでゲームの流れを確認しておこう．まず情報提供者がシグナル (S, π) を選択する．次に状態 ω が実現し（この事象が起こる確率は $\bar{\mu}(\omega)$），シグナル分布 $\pi(\cdot|\omega)$ に従いシグナル表示 $s \in S$ が決まる．意思決定者はシグナル表示 s を観察し，行動 a を選択する．

シグナルの選択によって意思決定者の行動および情報提供者の利得が変化することを $(S^\epsilon, \pi^\epsilon)$ で確かめておこう．

- $\epsilon = 0$ のケース（完全開示）
  誤報確率 $\epsilon = 0$ の場合，シグナル表示 s_0, s_1 はそれぞれ状態 ω_0, ω_1 が実現したことを指す．よって意思決定者は $s = s_0$ のとき a_0 を選択し，$s = s_1$ のとき a_1 を選択する．情報提供者の期待利得は状態 ω_1 が実現する確率 $\bar{p}$ となる．

- $\epsilon = 1$ のケース（完全非開示）
  誤報確率 $\epsilon = 1$ の場合，状態の実現にかかわらずシグナル表示は s_1 を示

第4章 最適シグナル

す．つまり状態に関する情報が全くないシグナルということになる．このとき意思決定者は事前予想 $\bar{\mu}$ のみに基づいて行動を選択し，最適反応（の1つ）は次のように与えられる[1]．

$$\begin{cases} a_0 & \bar{p} < \frac{1}{2} \text{ のとき} \\ a_1 & \bar{p} \geq \frac{1}{2} \text{ のとき} \end{cases} \quad (4)$$

結果として，情報提供者の期待利得は $\bar{p} < \frac{1}{2}$ のときは0，$\bar{p} \geq \frac{1}{2}$ のときは1を得ることになる．

- $\epsilon \in (0, 1)$ のケース（不完全開示）

直観的には ϵ が十分小さいときは，完全開示の場合と同様に s_0 のときに a_0，s_1 のときに a_1 が選択される．一方 ϵ が十分大きいときには，($\bar{p} < \frac{1}{2}$ を所与とすると）シグナルの表示にかかわらず a_0 をとるであろう．これを確かめるには，s_1 が表示されたときの事後予想 p_{s_1} が $\frac{1}{2}$ 以上となる条件を調べればよい．

$$p_{s_1} = \frac{\bar{p}}{\epsilon(1-\bar{p})+\bar{p}} \geq \frac{1}{2} \iff \frac{\bar{p}}{1-\bar{p}} \geq \epsilon \quad (5)$$

よって $\epsilon \leq \frac{\bar{p}}{1-\bar{p}}$ のとき，情報提供者の期待利得は $\Pr(a_1) = \Pr(s_1) = \epsilon(1-\bar{p}) + \bar{p}$，$\epsilon > \frac{\bar{p}}{1-\bar{p}}$ のとき $\Pr(a_1) = 0$ となる．

命題 1. 選択可能なシグナルの集合が $\{(S^\epsilon, \pi^\epsilon) : \epsilon \in [0,1]\}$ に限定されている場合，a_1 が選択される確率を最大にするのは $\epsilon_{\bar{p}} = \min\{\frac{\bar{p}}{1-\bar{p}}, 1\}$ のときである．またそのときの情報提供者の期待利得は $\min\{2\bar{p}, 1\}$ となる．

3　2つのアプローチ

3.1　メカニズムデザインアプローチ

ここでは Myerson (1982) の一般化顕示原理に基づいて最適シグナルの特徴づけを行う．まず一般化顕示原理を適用することで最適シグナルの候補

---

[1] 最適な混合戦略 $\nu = \Pr(a_1)$ は $\bar{p} < \frac{1}{2}$ のときに $\nu = 0$，$\bar{p} > \frac{1}{2}$ のときに $\nu = 1$，$\bar{p} = \frac{1}{2}$ のときに任意の確率 $\nu \in [0, 1]$ である．

を限定する．その後，最適シグナルの満たすべき条件を調べることで候補を絞っていき，最終的には単純な最適化問題に落とし込むという手順になる．

まず一般化された顕示原理について説明する．最適シグナルあるいは最適コミュニケーションの文脈における顕示原理は，要するに「シグナル表示の集合 S を行動集合 A の部分集合に限定しても一般性を失わない」という一般原則である．これを示すために，任意のシグナル (S, π) と実質的に等しいシグナル (A, ν) を構築する．今後，$\nu : \Omega \to \Delta(A)$ を確率的選択ルールあるいは単に選択ルールと呼ぶ．シグナルが (A, ν) であるとき，確率的選択ルールは情報提供者が意思決定者に勧める行動と解釈することができる．

シグナル (S, π) を所与とし，意思決定者の混合戦略を $\alpha : S \to \Delta(A)$ と表記する．戦略 $\alpha^* : S \to \Delta(A)$ が意思決定者の最適反応であるとは，任意の $s \in S$, 任意の $a \in \mathrm{Supp}(\alpha^*(s))$, 任意の a' について

$$\mathbb{E}\left[u(a, \omega)|s\right] \geq \mathbb{E}\left[u(a', \omega)|s\right] \tag{6}$$

が成り立つことを言う[2]．なお $\mathrm{Supp}(\cdot)$ は分布のサポートを意味する．つまり $\mathrm{Supp}(\alpha^*(s))$ は，シグナル表示 s が実現したときの混合戦略 $\alpha^*(s)$ によって正の確率が振られている行動 $a \in A$ の集合である．いま，確率的選択ルール $\nu : \Omega \to \Delta(A)$ を

$$\nu(a|\omega) \equiv \sum_{s \in S} \alpha^*(a|s)\pi(s|\omega) \tag{7}$$

によって定義する．これはシグナル (S, π) とそれに対応する最適反応 α^* によって定まる条件付き確率 $\Pr(a|\omega)$ に一致する．図 4-2 はシグナルと戦略に対応する確率的選択ルールを図示したものである．たとえば右図の太い矢印で示される $\nu(a_1|\omega_0)$ は左図の太い矢印の経路に対応し

$$\nu(a_1|\omega_0) = \alpha^*(a_1|s')\pi(s'|\omega_0) + \alpha^*(a_1|s'')\pi(s''|\omega_0)$$

---

[2] 本質的な問題ではないのだが，厳密に言えば「任意の $s \in S$」のところは「任意の $s \in \cup_{\omega \in \Omega} \mathrm{Supp}(\pi(\cdot|\omega))$」とするべきである．ここでは暗黙に $S = \cup_{\omega \in \Omega} \mathrm{Supp}(\pi(\cdot|\omega))$ を仮定していると理解してほしい．行動集合についても同様に $A = \{a^*(\mu) : \mu \in \Delta(\Omega)\}$ として，どのような事後予想であっても選択されない行動ははじめから除外して考えている．

(a) シグナルと戦略　　　　　　　　(b) 確率的選択ルール

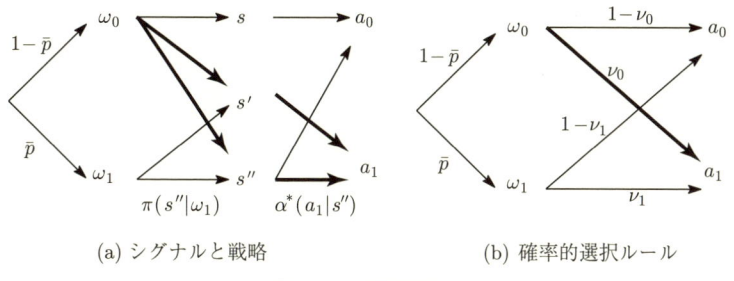

図 4-2　顕示原理

となる．このように定義された確率的選択ルールは，任意の $a, a' \in A$ について**誘因両立条件**

$$\mathbb{E}[u(a,\omega)|a] \geq \mathbb{E}[u(a',\omega)|a]$$

を満たすことが確かめられる．つまり確率的選択ルールが (7) 式によって与えられるとき，シグナル (A, ν) のもとでは意思決定者は ν が指定する行動 a から逸脱するインセンティブを持たないことを意味している．

なおベイズルールを用いると意思決定者の期待利得は

$$\mathbb{E}\left[u(a',\omega)|a\right] = \sum_{\omega \in \Omega} \Pr(\omega|a) u(a',\omega)$$
$$= \sum_{\omega \in \Omega} \frac{\bar{\mu}(\omega)\nu(a|\omega)}{\sum_{\omega' \in \Omega} \bar{\mu}(\omega')\nu(a|\omega')} u(a',\omega) \quad (8)$$

と書け，誘因両立条件は次の補題内に示される (IC) として表現できる．

補題 1（顕示原理）．シグナル (S, π) が情報提供者にとって最適であるとする．このとき次の誘因両立条件 (IC) を満たす確率的選択ルール $\nu : \Omega \to \Delta(A)$ で最適シグナルと同等なものが存在する．

$$\sum_{\omega \in \Omega} \bar{\mu}(\omega)\nu(a|\omega)u(a,\omega) \geq \sum_{\omega \in \Omega} \bar{\mu}(\omega)\nu(a|\omega)u(a',\omega), \quad \forall a, a' \in A. \quad \text{(IC)}$$

以降，$\Omega = \{\omega_0, \omega_1\}$, $A = \{a_0, a_1\}$ の例では，a_1 の条件付き確率を

$\nu(a_1|\omega_0) = \nu_0$, $\nu(a_1|\omega_1) = \nu_1$ として，意思決定ルールを $(\nu_0, \nu_1) \in [0,1]^2$ と表記する．

さて，ここからは最適シグナルの満たすべき条件を調べていく．

- 条件 1：$\Pr(a_1) = \sum_\omega \bar{\mu}(\omega) \nu(a_1|\omega) > 0$
  $(S^\epsilon, \pi^\epsilon)$ の例で明らかなように情報提供者は正の期待利得を得られることから，最適シグナルにおいては $\Pr(a_1) > 0$ となる．
- 条件 2：$\nu(a_0|\omega_1) = 0$
  仮に $\nu(a_0|\omega_1) > 0$ であったとしよう．このとき $\nu(a_0|\omega_1)$ を少し減らしその分 $\nu(a_1|\omega_1)$ を増やせば，a_1 が選択される確率が上がることになる．よって最適シグナルのもとでは $\nu(a_0|\omega_1) = 0$ でなくてはならない．

以上の 2 条件から，シグナルの集合を $\{(S^\epsilon, \pi^\epsilon) : \epsilon \in [0,1]\}$ に限っても問題がないことがわかった．よって最適シグナルは命題 1 によって特徴づけられることになる．次節では，意思決定者の予想 μ のコントロールに焦点を当てた Kamenica and Gentzkow (2011) のアプローチを紹介する．

3.2 ビリーフデザインアプローチ

3.2.1 一般的分析

情報提供者の問題を一般的な形で定式化すると次のようになる．

$$\max_{(S,\pi)} \quad \mathbb{E}\left[v(a^*(\mu_s), \omega)\right]$$

$$\text{s.t.} \quad a^*(\mu_s) \in \arg\max_{a \in A} \mathbb{E}_{\mu_s}[u(a, \omega)]$$

$$\mu_s(\omega) = \frac{\pi(s|\omega) \bar{\mu}(\omega)}{\sum_{\omega' \in \Omega} \pi(s|\omega') \bar{\mu}(\omega')}$$

ゲームの形式上は意思決定者の（純粋）戦略はシグナル表示 $s \in S$ の関数であるが，実質的には事後予想の関数 $a^* : \Delta(\Omega) \to A$ である．なぜなら意思決定者にとってシグナル表示自体に意味はなく，シグナル表示の観察によって改訂された状態に関する事後予想だけが意思決定にとって重要だからである．Kamenica and Gentzkow (2011) のアプローチはシグナルの選択問題

を意思決定者の事後予想の分布（確率分布の分布！）の選択問題に書き換えることから始まる．ステップ1では情報提供者の期待利得が事後予想 μ の関数 $\hat{v}(\mu)$ の期待値として表現できることを示す．ステップ2ではシグナルの選択によって誘導可能な事後予想の分布の条件がモーメント条件 $\mathbb{E}\mu = \bar{\mu}$ のみであることを示す．

ステップ1．事後予想の関数 $\hat{v}(\mu)$ を次のように定義する

$$\hat{v}(\mu) = \mathbb{E}_\mu \left[v(a^*(\mu), \omega) \right] \tag{9}$$

なお $\mathbb{E}_\mu[\ ]$ は状態 ω の分布を $\mu \in \Delta(\Omega)$ としたときの期待値を示す．繰り返し期待値の法則を利用すると情報提供者の期待利得は

$$\mathbb{E}[v(a^*(\mu), \omega)] = \mathbb{E}\left[\mathbb{E}\left[v(a^*(\mu), \omega) | \mu\right]\right]$$

$$= \mathbb{E}\left[\hat{v}(\mu)\right]$$

と書くことができる．つまり $\hat{v}(\mu)$ は，意思決定者が μ という事後予想を持ったことを所与としたときの情報提供者の期待利得である[3]．

ステップ2．情報提供者の期待利得が $\mathbb{E}\hat{v}(\mu)$ と書けることからも明らかなように，情報提供者にとっては，シグナル (S, π) 自体には関心はなく，シグナルの選択により決定する**事後予想の分布**が重要である．いま $\tau \in \Delta(\Delta(\Omega))$ を事後予想 μ の集合 $\Delta(\Omega)$ 上の確率分布，つまり事後予想の分布とする．たとえば $\tau(\mu) = 0.3$ は「事後予想が μ になる確率が 0.3」であることを意味している．シグナル (S, π) が与えられると，それと整合的な事後予想の分布はベイズルールを用いて計算でき，

$$\tau(\mu) = \sum_{s: \mu_s = \mu} \sum_{\omega' \in \Omega} \pi(s|\omega') \bar{\mu}(\omega') \tag{10}$$

---

[3] シグナル (S, π) を1つ固定すると (ω, μ) は確率変数と見なすことができる．(ω, μ) の同時分布は

$$\Pr(\omega, \mu) = \sum_{s: \mu_s = \mu} \pi(s|\omega) \bar{\mu}(\omega)$$

である．事後予想の定義上当然であるが，事後予想が μ であることを所与としたときの ω の確率は $\Pr(\omega|\mu) = \mu(\omega)$ である．

として与えられる.

さて,情報提供者はシグナル (S, π) の選択を通じて事後予想の分布 τ を決定するのだが,それが可能である条件はどのようなものか.次の補題は最適シグナル問題を考える際に最も重要なものである.なお $\mathrm{Supp}(\tau)$ は確率分布 $\tau \in \Delta(\Delta(\Omega))$ のサポート(正の確率が振られている μ の集合)を表す.

補題 2. 事後予想の分布 $\tau \in \Delta(\Delta(\Omega))$ が次の整合性条件 (CC) を満たすとき,かつそのときにかぎり事後予想の分布が τ となるシグナルが存在する.

$$\sum_{\mu \in \mathrm{Supp}(\tau)} \mu \tau(\mu) = \bar{\mu} \tag{CC}$$

証明. **十分条件**:$\tau \in \Delta(\Delta(\Omega))$ が整合性条件 $\mathbb{E}_\tau \mu = \bar{\mu}$ を満たすとする.いまシグナル (S, π) を

$$S = \mathrm{Supp}(\mu) \qquad \pi(s|\omega) = \frac{\mu_s(\omega) \tau(\mu_s)}{\bar{\mu}(\omega)} \tag{11}$$

と定義する.$\sum_s \pi(s|\omega) = 1$ なので,いま定義したシグナル分布は確率分布であることが確認できる.さらにベイズルールを適用すると条件付き確率 $\Pr(\omega|s)$ の確率分布が τ に一致することが確認できる.ここから整合性条件を満たす τ について,事後予想の分布が τ となるシグナルが存在することが示された.

必要条件:シグナル (S, π) を固定する.ベイズルールより

$$\mu(\omega) = \sum_{s: \mu_s = \mu} \Pr(s|\mu_s = \mu) \mu_s(\omega)$$

$$= \frac{\sum_{s: \mu_s = \mu} \pi(s|\omega) \bar{\mu}(\omega)}{\sum_{s: \mu_s = \mu} \sum_{\omega'} \pi(s|\omega') \bar{\mu}(\omega')}$$

(CC) 式の左辺は

$$\sum_\mu \mu(\omega) \tau(\mu) = \sum_\mu \left[\frac{\sum_{s: \mu_s = \mu} \pi(s|\omega) \bar{\mu}(\omega)}{\sum_{s: \mu_s = \mu} \sum_{\omega'} \pi(s|\omega') \bar{\mu}(\omega')} \sum_{s: \mu_s = \mu} \sum_{\omega'} \pi(s|\omega') \bar{\mu}(\omega') \right]$$

$$= \sum_s \pi(s|\omega)\bar{\mu}(\omega)$$

$$= \bar{\mu}(\omega)$$

よって任意のシグナルについて事後予想の分布が整合性条件を満たすことが示された. □

ステップ 1, 2 の結果, 情報提供者の問題は次のように定式化される

$$\max_{\tau \in \Delta(\Delta(\Omega))} \sum_{\mu \in \mathrm{Supp}(\tau)} \hat{v}(\mu)\tau(\mu)$$

$$\text{s.t.} \sum_{\mu \in \mathrm{Supp}(\tau)} \mu\tau(\mu) = \bar{\mu}$$

期待値記号を用いて $\max_\tau \mathbb{E}_\tau[\hat{v}(\mu)]$ s.t. $\mathbb{E}_\tau \mu = \bar{\mu}$ と書くこともできる.

この問題を分析する際に有用となるコンセプトを導入する. まず, $co(\hat{v})$ を $\hat{v}$ のグラフの凸包とする. これは任意の $(\mu, z) \in co(\hat{v})$ について集合 $\{(\mu', \hat{v}(\mu')) : \mu' \in \Delta(\Omega)\}$ に含まれる点の凸結合として表現できることを意味している. 次に関数 V を $co(\hat{v})$ の上限, 数式で書くと

$$V(\mu) = \sup\{z | (\mu, z) \in co(\hat{v})\} \tag{12}$$

と定義する. 直観的には V は $\hat{v}$ を覆う最小の凹関数と理解すればよい. シグナルの選択により得られる事後予想の分布が整合性条件を満たさなければならないことから, 次の命題が得られる.

命題 2. 事前分布 $\bar{\mu} \in \Delta(\Omega)$ を所与とする.

- もし $(\bar{\mu}, z) \in co(\hat{v})$ であるならば, 整合性条件 $\mathbb{E}_\tau \mu = \bar{\mu}$ を満たす事後予想の分布 $\tau \in \Delta(\Delta(\Omega))$ の中で $\mathbb{E}_\tau \hat{v}(\mu) = z$ となるものが存在する.
- 最適シグナルのもとでは, $\mathbb{E}_\tau \hat{v}(\mu) = V(\bar{\mu})$ が成り立つ.

本章では証明を省略する代わりに, 2 節の例に即して命題の意味とその直観について説明する.

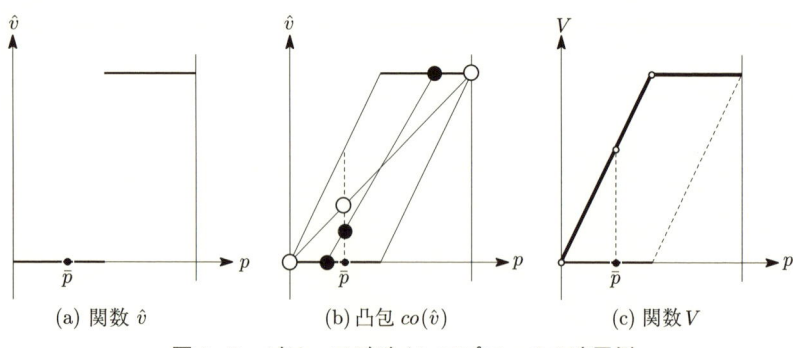

(a) 関数 $\hat{v}$　　　　(b) 凸包 $co(\hat{v})$　　　　(c) 関数 V

図 4–3　ビリーフデザインアプローチの適用例

3.2.2　例への応用

はじめに関数 $\hat{v}(\mu)$ を導出する．例では，事後予想は $p = \mu(\omega_1)$ で表現でき，意思決定者の最適反応は

$$a^*(p) = \begin{cases} a_0 & p < \frac{1}{2} \text{ のとき} \\ a_1 & p \geq \frac{1}{2} \text{ のとき} \end{cases}$$

となる．情報提供者の利得は，意思決定者が a_1 を選択したときに 1 になり，a_0 を選択したときに 0 となる．よって $\hat{v}(\mu) = \mathbb{E}_\mu \left[v(a^*(p), \omega) \right]$ は図 4–3 (a) にあるように

$$\hat{v}(\mu) = \begin{cases} 0 & p < \frac{1}{2} \text{ のとき} \\ 1 & p \geq \frac{1}{2} \text{ のとき} \end{cases} \tag{13}$$

となる．

次に $\hat{v}$ のグラフの凸包 $co(\hat{v})$ の意味と命題 2 の前半部分を確認しよう．図 4–3(b) から明らかなように，例における $co(\hat{v})$ は 4 点 $\{(0,0), (\frac{1}{2}, 0), (\frac{1}{2}, 1), (1,1)\}$ を通る平行四辺形に一致する．任意の $(\bar{p}, z) \in co(\hat{v})$ はその定義上，有限個の点 $\{(p, \hat{v}(p))\}$ の凸結合として表現できる[4]．$|\Omega| = 2$ であるため，任意の 2 点の凸結合を考えればよい．数式で表現すると，任意の $(\bar{p}, z) \in co(\hat{v})$ に

対して $(p, \hat{v}(p)), (p', \hat{v}(p')) \in \{(\tilde{p}, \hat{v}(\tilde{p})) : \tilde{p} \in [0,1]\}$ および $\lambda \in [0,1]$ が存在し,

$$\bar{p} = (1-\lambda) \cdot p + \lambda \cdot p' \tag{14}$$

$$z = (1-\lambda) \cdot \hat{v}(p) + \lambda \cdot \hat{v}(p') \tag{15}$$

を成り立つ. ここで $\tau(p) = 1 - \lambda$, $\tau(p') = \lambda$ とおけば, (14) 式は整合性条件に対応し, (15) 式は期待利得 $\mathbb{E}\hat{v}(p) = z$ に対応する. つまり, 任意の $(\bar{p}, z) \in co(\hat{v})$ について整合性条件を満たし, かつ $\mathbb{E}_\tau \hat{v}(\mu) = z$ となる事後予想の分布が存在することを意味している.

最後に, 図 4-3 (c) は $\hat{v}$ の凸包の最大値をプロットすることで得られる. 具体的には

$$V(\mu) = \begin{cases} 2p & p < \frac{1}{2} \text{ のとき} \\ 1 & p \geq \frac{1}{2} \text{ のとき} \end{cases} \tag{16}$$

となる. $V(\bar{p})$ は事前予想 $\bar{p} = \Pr(\omega_1)$ を所与としたときに, シグナルの選択によって情報提供者が享受可能な期待利得の最大値となる. また $\bar{p} < \frac{1}{2}$ のときに $\mathbb{E}\hat{v}(p) = V(\bar{p})$ となる事後予想の分布 τ は

$$\tau(0) = 1 - 2\bar{p} \qquad \tau\left(\frac{1}{2}\right) = 2\bar{p}$$

である. ここまでで最適シグナルによって得られる期待利得および最適な事後予想の分布が得られた. 最後に得られた事後予想の分布と整合的なシグナル (S, π) を計算し, 分析が完了する.

命題 3. 例に挙げた意思決定問題における最適シグナルおよびそれに伴う事後予想の分布は次のとおりである.

---

[4] Ω 上の確率分布は $|\Omega| - 1$ 次元のユークリッド空間で表現できる. そのため凸包に関するカラテオドリの定理より, $|\Omega|$ 個の点の凸結合で凸包に含まれる任意の点を表現できることが知られている.

- $\bar{p} < \frac{1}{2}$ のとき
    - ▷ 事後予想の分布 $\mathrm{Supp}(\tau) = \{0, \frac{1}{2}\}$, $\tau(0) = 1 - 2\bar{p}$, $\tau(\frac{1}{2}) = 2\bar{p}$
    - ▷ 情報提供者の期待利得 $V(\bar{p}) = 2\bar{p}$
    - ▷ 最適シグナル $(S^\epsilon, \pi^\epsilon)$, $\epsilon = \frac{\bar{p}}{1-\bar{p}}$
- $\bar{p} \geq \frac{1}{2}$ のとき
    - ▷ 事後予想の分布 $\mathrm{Supp}(\tau) = \{\bar{p}\}$, $\tau(\bar{p}) = 1$
    - ▷ 情報提供者の期待利得 $V(\bar{p}) = 1$
    - ▷ 最適シグナル $(S^\epsilon, \pi^\epsilon)$, $\epsilon = 1$

4 情報提供者がコントロールできない情報がある場合

ここまで考えてきた設定では，情報提供者は意思決定者のアクセスできる情報を完全にコントロールできるという仮定を置いていた．つまり情報提供者が何も情報を与えなければ，意思決定者の予想は事前予想 $\bar{\mu}$ のままであった．しかし，さまざまな状況において情報提供者の選択と関係なく意思決定者が状態に関する情報を得ることができる場合はあるだろう．本節では情報提供者がコントロールできない情報がある場合に，これまでのアプローチがどのように修正されるかを確認する．

2節で提示した例を次のように拡張する．意思決定者は情報提供者の選択するシグナル (S, π) に加えて，別のシグナル $(R, \bar{\pi})$ の情報を知ることができるとする．具体的にはシグナル集合を $R = \{r_0, r_1\}$ とし，シグナル分布は

$$\bar{\pi}^q(r_0|\omega_0) = q \qquad \bar{\pi}^q(r_0|\omega_1) = 1 - q$$
$$\bar{\pi}^q(r_1|\omega_0) = 1 - q \qquad \bar{\pi}^q(r_1|\omega_1) = q$$

で与えられ，情報精度パラメータ $q \in [\frac{1}{2}, 1]$ によって特徴づけられるとする．直観的には「確率 q で正しい表示となるシグナル」と言うことができる．事前予想 $\bar{p}$ を所与とすると，r で条件づけた状態の確率分布は

$$\Pr(\omega_0|r_0) = \frac{(1-\bar{p})q}{(1-\bar{p})q+\bar{p}(1-q)} \quad \Pr(\omega_0|r_1) = \frac{(1-\bar{p})(1-q)}{(1-\bar{p})(1-q)+\bar{p}q}$$

$$\Pr(\omega_1|r_0) = \frac{\bar{p}(1-q)}{(1-\bar{p})q+\bar{p}(1-q)} \quad \Pr(\omega_1|r_1) = \frac{\bar{p}q}{(1-\bar{p})(1-q)+\bar{p}q}$$

となる．今後は $\bar{p}_0 = \Pr(\omega_1|r_0) = \frac{\bar{p}(1-q)}{(1-\bar{p})q+\bar{p}(1-q)}$, $\bar{p}_1 = \Pr(\omega_1|r_1) = \frac{\bar{p}q}{(1-\bar{p})(1-q)+\bar{p}q}$ と表記する．

情報提供者は意思決定者に追加情報を与えることで意思決定者の選択を誘導しようと試みることになる．この追加情報の定式化として，ここでは情報提供者のシグナル (S, π) のシグナル分布を $\pi : \Omega \times R \to \Delta(S)$ とする．すなわち意思決定が観察するシグナル表示 $r \in R$ に依存させて追加情報の内容を決定することができるという仮定を置く．たとえば r が一般に公開されている情報であるときなどは妥当な仮定と考えられるだろう．また情報提供者のシグナル (S, π) は $(R, \bar{\pi})$ に対して任意の相関を持たせることができると仮定しても，実質的には同じ設定になる．シグナル $(R, \bar{\pi})$ と (S, π) の両方にアクセスできるときの情報構造を (S^*, π^*) とすると，情報提供者が提供可能な情報構造は以下の条件を満たすものでなければならない．(i) $S^* = R \times S$, (ii) $\sum_s \pi^*(r, s|\omega) = \bar{\pi}(r|\omega)$, (iii) $\sum_r \pi^*(r, s|\omega) = \pi(s|\omega)$. 「任意の相関を持たせることができる」とは独立性条件 (iv) $\pi^*(r, s|\omega) = \bar{\pi}(r|\omega)\pi(s|\omega)$ が成り立たなくてもよいということを意味している．ここでは情報提供者間の競争を分析した Gentzkow and Kamenica (2012) や次に紹介する Bergemann and Morris (2013a) にならい，上記の設定のもとで分析を行う[5]．

4.1 BCE アプローチ

ここからは Bergemann and Morris (2013a) によるベイズ相関均衡（BCE）アプローチを紹介する．3.2 節で学んだ Kamenica and Gentzkow (2011) では情報提供者の期待利得が意思決定者の事後予想の分布により決まることから，「事後予想の分布のうちシグナルの選択を通じて実現可能なものはどれか」という視点で分析を進めていた（補題 2）．一方，Bergemann and

---

[5] Kamenica and Gentzkow (2011) には，$(R, \bar{\pi})$ が私的情報であり情報提供者がそれと相関するシグナルを提示できない場合のアプローチが紹介されている．

Morris (2013a) はもっと直接的に，情報提供者の利得が意思決定者の行動 a と状態 ω の同時分布により決まることから，「(a,ω) の同時分布のうち意思決定者のインセンティブと両立するものはどれか」という視点から分析を進めていく．つまり Kamenica and Gentzkow (2011) は事後予想の統計的な性質に着目したアプローチであり，Bergemann and Morris (2013a) は標準的なメカニズムデザインに沿ったアプローチと理解するとよいだろう[6]．

モデルを抽象的な形で表現すると次の要素からなる．状態空間を Ω とする．意思決定問題は行動集合 A，意思決定者の利得関数 u，および事前予想 $\bar{\mu}$ の組 $G = (A, u, \bar{\mu})$ で記述される．意思決定者は情報提供者によって与えられる情報のほかに，別のシグナル (R, π) のシグナル表示 $r \in R$ を観察するものとする．

一般化顕示原理の適用により，情報提供者のシグナルは一般性を失うことなく $S = A$ に限定できる．つまり任意の (S, π) に対応する別のシグナル (A, σ) があり，情報提供者に同じ期待利得をもたらすことが可能というわけである．今後，$\sigma : \Omega \times R \to \Delta(A)$ を意思決定ルールと呼び，確率的選択ルール $\nu : \Omega \to \Delta(A)$ と区別することにする．意思決定ルールが情報提供者の説得戦略に対応し，確率的選択ルールは期待利得に直接関連ある状態と行動の同時分布を特徴づけるものと解釈するとよい．なお ν が σ と整合的であるためには，任意の $a \in A$ および任意の $\omega \in \Omega$ について

$$\nu(a|\omega) = \sum_{r \in R} \sigma(a|\omega, r) \bar{\pi}(r|\omega) \tag{17}$$

が成り立つ必要がある．ここからは意思決定者のインセンティブと両立可能な確率的選択ルールを特徴づけ，その中で情報提供者にとって最適なものを探すという手順に従う．

さて，$(R, \bar{\pi})$ の情報を知ることができる意思決定者が意思決定ルール σ か

---

[6] なお BCE アプローチは意思決定者が複数存在し互いに戦略的依存関係にあるゲーム的状況において最もその有用性を発揮する．応用例としては，オークションにおける情報の効果を分析した Bergemann et al. (2013a) がある．本章で扱っている意思決定者が1人の場合では 3.1 節で紹介したメカニズムデザインアプローチと同じものと理解して差し支えない．

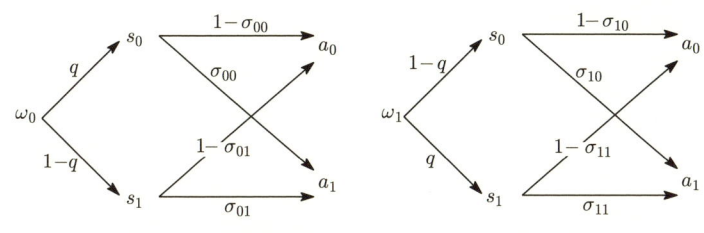

図 4-4　意思決定ルール　$\sigma_{ij} = \Pr(a_1|\omega_i, r_j)$

ら逸脱しないための条件を考える．意思決定ルールが指定する行動 a から逸脱し a' を選択したときの意思決定者の期待利得は $\mathbb{E}[u(a',\omega)|a,r]$ なので，任意の $r \in R$ および任意の $a, a' \in A$ について $\mathbb{E}[u(a,\omega)|r,a] \geq \mathbb{E}[u(a',\omega)|r,a]$ となることが条件となる．

定義 1（BCE）．意思決定ルール $\sigma : \Omega \times R \to \Delta(A)$ が誘因両立条件を満たすとは，任意の $r \in R$ および任意の $a, a' \in A$ について

$$\sum_{\omega \in \Omega} \bar{\mu}(\omega)\bar{\pi}(r|\omega)\sigma(a|\omega,r)u(a,\omega) \geq \sum_{\omega \in \Omega} \bar{\mu}(\omega)\bar{\pi}(r|\omega)\sigma(a|\omega,r)u(a',\omega)$$

が成り立つことを言う．また誘因両立条件を満たす意思決定ルール σ をベイズ相関均衡 (BCE) と呼び，それと整合的な確率的選択ルール ν を BCE 選択ルールと呼ぶ．

抽象的な議論が続いたのでここで例に戻ろう．先ほどと同様に $\nu_i = \nu(a_1|\omega_i)$ と定義し，確率的選択ルールを $(\nu_0, \nu_1) \in [0,1]^2$ として表記する．また意思決定ルールについても同様に $\sigma_{ij} = \sigma(a_1|\omega_i, r_j)$ とし，$(\sigma_{00}, \sigma_{01}, \sigma_{10}, \sigma_{11}) \in [0,1]^4$ として表記する．これらの定義の確認として図 4-4 を参照してほしい．なお $(\sigma_{00}, \sigma_{01}, \sigma_{10}, \sigma_{11})$ と整合的な (ν_0, ν_1) とは

$$\begin{aligned}
\nu_0 = \Pr(a_1|\omega_0) &= \sigma(a_1|\omega_0, r_0)\bar{\pi}(r_0|\omega_0) + \sigma(a_1|\omega_0, r_1)\bar{\pi}(r_1|\omega_0) \\
&= \sigma_{00}q + \sigma_{01}(1-q) \qquad (18)\\
\nu_1 = \Pr(a_1|\omega_1) &= \sigma(a_1|\omega_1, r_0)\bar{\pi}(r_0|\omega_1) + \sigma(a_1|\omega_1, r_1)\bar{\pi}(r_1|\omega_1) \\
&= \sigma_{10}(1-q) + \sigma_{11}q \qquad (19)
\end{aligned}$$

を満たすものである．

誘因両立条件は $|A \times R| = 4$ 本の不等式になる．たとえばシグナル表示が r_0，行動が a_0 に対応する条件は

$$\bar{\mu}(\omega_0)\bar{\pi}(r_0|\omega_0)\sigma(a_0|\omega_0,r_0)u(a_0,\omega_0) + \bar{\mu}(\omega_1)\bar{\pi}(r_0|\omega_1)\sigma(a_0|\omega_1,r_0)u(a_0,\omega_1)$$
$$\geq \bar{\mu}(\omega_0)\bar{\pi}(r_0|\omega_0)\sigma(a_0|\omega_0,r_0)u(a_1,\omega_0) + \bar{\mu}(\omega_1)\bar{\pi}(r_0|\omega_1)\sigma(a_0|\omega_1,r_0)u(a_1,\omega_1)$$
$$\iff (1-\bar{p})q(1-\sigma_{00}) \geq \bar{p}(1-q)(1-\sigma_{10})$$

同様にすべての (a_i, r_j) についての誘因両立条件を求めると，以下のようになる．

$$(1-\bar{p})q(1-\sigma_{00}) \geq \bar{p}(1-q)(1-\sigma_{10}) \qquad (IC(a_0, r_0))$$
$$\bar{p}(1-q)\sigma_{10} \geq (1-\bar{p})q\sigma_{00} \qquad (IC(a_1, r_0))$$
$$(1-\bar{p})(1-q)(1-\sigma_{01}) \geq \bar{p}q(1-\sigma_{11}) \qquad (IC(a_0, r_1))$$
$$\bar{p}q\sigma_{11} \geq (1-\bar{p})(1-q)\sigma_{01} \qquad (IC(a_1, r_1))$$

誘因両立条件は次のように書き換えると条件間の関係がわかりやすくなる．

$$IC(a_0, r_0) \implies -(1-\bar{p})q\sigma_{00} + \bar{p}(1-q)\sigma_{10} \geq \bar{p} - q$$
$$IC(a_1, r_0) \implies -(1-\bar{p})q\sigma_{00} + \bar{p}(1-q)\sigma_{10} \geq 0$$
$$IC(a_0, r_1) \implies -(1-\bar{p})(1-q)\sigma_{01} + \bar{p}q\sigma_{11} \geq q - (1-\bar{p})$$
$$IC(a_1, r_1) \implies -(1-\bar{p})(1-q)\sigma_{01} + \bar{p}q\sigma_{11} \geq 0$$

$q \geq \frac{1}{2}$ を所与とすると，図 4-5 で示される領域で誘因両立条件のどれが関係するかが変わる．

- タイプ I：$q \leq 1 - \bar{p}$
  このケースでは，$IC(a_1, r_0)$ と $IC(a_1, r_1)$ のみが関係し，これら 2 本の条件式が満たされるときは残り 2 本の条件式も自動的に満たされる．

第4章 最適シグナル

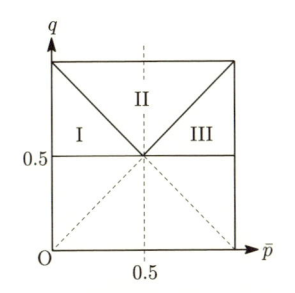

図4-5 誘因両立条件の場合分け

関係する2本の条件式を足し合わせることで，BCEとして実現可能な (ν_0, ν_1) の集合が得られる．

$$BCE^{I} = \left\{(\nu_0, \nu_1) \in [0,1]^2 : -(1-\bar{p})\nu_0 + \bar{p}\nu_1 \geq 0 \right\}$$

- タイプ II：$q > 1 - \bar{p}$ かつ $q > \bar{p}$

  このケースでは，$IC(a_1, r_0)$ と $IC(a_0, r_1)$ のみが関係する．BCEとして実現可能な (ν_0, ν_1) の集合は

$$BCE^{II} = \left\{(\nu_0, \nu_1) \in [0,1]^2 : -(1-\bar{p})\nu_0 + \bar{p}\nu_1 \geq q + \bar{p} - 1 \right\}$$

- タイプ III：$q \leq \bar{p}$

  このケースでは，$IC(a_0, r_0)$ と $IC(a_0, r_1)$ のみが関係する．BCEとして実現可能な (ν_0, ν_1) の集合は

$$BCE^{III} = \left\{(\nu_0, \nu_1) \in [0,1]^2 : -(1-\bar{p})\nu_0 + \bar{p}\nu_1 \geq 2\bar{p} - 1 \right\}$$

ここまででBCEと両立可能な確率的選択ルールが特徴づけられた．最後に情報提供者にとって最適な確率的選択ルールを求めよう．情報提供者の期待利得は $\Pr(a_0) = \sum_{\omega} \bar{\mu}(\omega) \nu(a_0|\omega) = (1-\bar{p})\nu_0 + \bar{p}\nu_1$ である．図4-6の右下がりの点線は情報提供者の無差別曲線を表している．●は追加情報なしの場合（つまりプレイヤー1人のベイジアン＝ナッシュ均衡），◎は完全情報の場合に対応する．最適BCE選択ルールは右上の○となる．

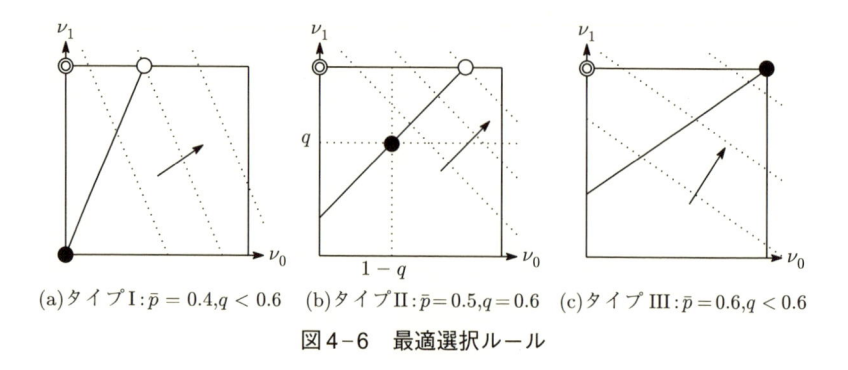

(a) タイプ I: $\bar{p}=0.4, q<0.6$　(b) タイプ II: $\bar{p}=0.5, q=0.6$　(c) タイプ III: $\bar{p}=0.6, q<0.6$

図 4-6　最適選択ルール

命題 4. 最適シグナルによって実現可能な確率的選択ルールは以下にまとめられる．

- タイプ I: $(\nu_0, \nu_1) = \left(\frac{\bar{p}}{1-\bar{p}}, 1\right)$
- タイプ II: $(\nu_0, \nu_1) = \left(\frac{1-q}{1-\bar{p}}, 1\right)$
- タイプ III: $(\nu_0, \nu_1) = (1, 1)$

4.2　ビリーフデザインアプローチを用いた解法

前項ではメカニズムデザインアプローチに即した解き方を紹介したが，Kamenica and Gentzkow（2011）のビリーフデザインアプローチを拡張することにより（もう少し簡単に）最適シグナルを特徴づけることも可能である．簡単に言えば，シグナル表示 $r \in R$ を所与とした事後予想をあたかも事前分布として 3.2 節の解を適用することで最適シグナルを求める方法である．アイデアを理解するにはものの見方を変える必要がある．もともとは図 4-7 (a) のように状態 $\omega \in \Omega$ が $\bar{\mu}(\omega)$ の確率で実現し，状態を所与としてシグナル表示 $r \in R$ の確率分布 $\pi(r|\omega)$ として与えられていた．図 4-7 (b) ではまずシグナル表示 r（あるいはそれに伴う意思決定者の予想 $\mu_r \in \Delta(\Omega)$）が確率 $\bar{\tau}(\mu_r) \equiv \sum_\omega \bar{\pi}(r|\omega)\bar{\mu}(\omega)$ で実現し，r を所与として状態が $\mu_r \in \Delta(\Omega)$ に従い実現するという表現になっている．情報提供者にとっては (ω, r) の同時確率分布は外生なので，どちらの表現も同一である．つまり同時確率を

第 4 章 最適シグナル

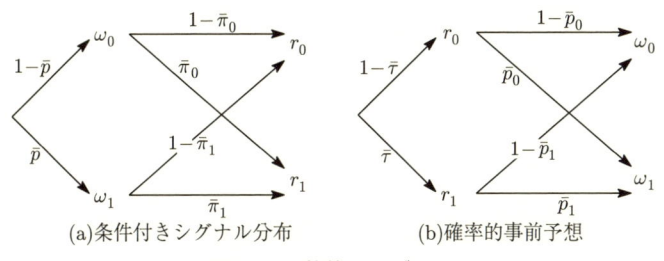

(a)条件付きシグナル分布   (b)確率的事前予想

図 4-7 状態とシグナル

$$\Pr(\omega, r) = \Pr(r|\omega)\Pr(\omega) = \bar{\pi}(r|\omega)\bar{\mu}(\omega)$$

と書くか

$$\Pr(\omega, r) = \Pr(\omega|r)\Pr(r) = \mu_r(\omega)\bar{\tau}(\mu_r)$$

と書くかといった問題である．後者で考えると，意思決定者の事後予想 $\bar{\mu}_r$ を所与として，情報提供者がどのような追加情報を与えるかといった問題になっている．つまり，事前予想が確率変数になっているものと解釈すればよい．結果として，意思決定者の事後予想 $\bar{\mu}_r$ ごとに 3.2 節で学んだアプローチを適用すれば最適シグナルが特徴づけられるというわけである．

図 4-7 に表記されているように r_0 を観察したときの事後予想を $\bar{p}_0 = \Pr(\omega_1|r_0)$, r_1 を観察したときの事後予想を $\bar{p}_1 = \Pr(\omega_1|r_1)$ とする．命題 3 で見たように事前分布 $\bar{p}$ の最適シグナルは $\epsilon = \min\{\frac{\bar{p}}{1-\bar{p}}, 1\}$ とする $(S^\epsilon, \pi^\epsilon)$ で与えられることがわかっている．いま $\epsilon_0 = \min\{\frac{\bar{p}_0}{1-\bar{p}_0}, 1\}$, $\epsilon_1 \equiv \min\{\frac{\bar{p}_1}{1-\bar{p}_1}, 1\}$ とし，r_0 が表示されたときは $(S^{\epsilon_0}, \pi^{\epsilon_0})$ を適用し，r_1 が表示されたときは $(S^{\epsilon_1}, \pi^{\epsilon_1})$ を適用する．$(\bar{p}_0, \bar{p}_1)$ の値により 3 つの場合に分けて分析していく．

- タイプ A：$\bar{p}_0, \bar{p}_1 < \frac{1}{2}$
  この場合に対応する確率的選択ルール ν は

$$\nu(a_1|\omega_0) = \Pr(a_1|\omega_0, r_0)\Pr(r_0|\omega_0) + \Pr(a_1|\omega_0, r_1)\Pr(r_1|\omega_1)$$
$$= \epsilon_0 q + \epsilon_1(1-q)$$

$$=\frac{\bar{p}}{1-\bar{p}}$$

- タイプ B：$\bar{p}_0 < \frac{1}{2} \leq \bar{p}_1$
  この場合，$\epsilon_1 = 1$ が最適になる．よって
  $$\nu(a_1|\omega_0) = \epsilon_0 q + 1 \cdot (1-q)$$
  $$=\frac{1-q}{1-\bar{p}}$$

- タイプ C：$\frac{1}{2} \leq \bar{p}_0, \bar{p}_1$
  この場合，$\epsilon_0 = \epsilon_1 = 1$ なので $\nu(a_1|\omega_0) = 1$ となる．

同じ問題を違うアプローチで解いているだけなので当然であるが，ここでのタイプ A，B，C は 4.1 節のタイプ I，II，III に対応している．

5 応用

5.1 広告情報のコントロール

5.1.1 設定

Rayo and Segal (2010) はインターネット広告プラットフォーム（Google や Yahoo! など）が広告収益を最大にするために広告情報をコントロールするという問題を考えた．プラットフォームが情報提供者，インターネットユーザーが意思決定者に対応する．ここでの「情報のコントロール」は，広告のサイズや配置位置，表示頻度などの変化を通じて，ユーザーにとって有益な広告かどうか区別つくようにすることを意味する．このモデルにおける「状態」は広告のタイプであり，二次元のベクトル $\omega = (x,y) \in \mathbb{R}^2$ によって特徴づけられる．$x \in \mathbb{R}$ はユーザーがクリックすることで得られる便益，たとえば新製品やセール時期の詳しい情報などである．$y \in \mathbb{R}$ は 1 クリック当たりのプラットフォームの収入とする．ユーザーがクリックする頻度はクリックにより得られる便益の期待値 $a = \mathbb{E}[x|s]$ によって与えられ，プラットフォームの収入は ay になる．プラットフォームの問題はシグナル (S, π) を

選択し，期待収入を最大にすることである．数式を用いると以下のように定式化することができる．

$$\max_{(S,\pi)} \mathbb{E}[ay]$$

$$\text{st } a = \mathbb{E}[x|s]$$

Rayo and Segal（2010）のもともとの設定では，たとえば $\Omega = \{(1,1),(2,3),(3,1),(3,2)\}$ のように状態の集合を有限と仮定しているのだが，本章ではより応用範囲の広いアプローチを紹介するために連続な確率分布のケースに焦点を当てて分析を進めることにする．具体的には，x と y が互いに独立な正規分布に従っていると仮定する．単純化のため意思決定者（ユーザー）は情報提供者（プラットフォーム）が提供する以外の情報は持っていないと仮定する．

5.1.2 BCE アプローチ

ここでは Bergemann and Morris（2013b）のアプローチを応用することで問題を解くことを試みたい[7]．基本的な方針は 4.1 節で紹介したように，顕示原理を適用し，誘因両立条件を満たす確率的選択ルールを特徴付けることを目標にする．

今回は選択ルール $\nu(a|x,y)$ ではなく，(x,y,a) の同時分布について満たすべき条件を調べていく．なおここでは最適な選択ルールが正規分布に従うと仮定する[8]．つまり同時分布が

$$\begin{bmatrix} x \\ y \\ a \end{bmatrix} \sim N\left(\begin{bmatrix} \mu_x \\ \mu_y \\ \mu_a \end{bmatrix}, \begin{bmatrix} \sigma_x^2 & 0 & \rho_{xa}\sigma_x\sigma_a \\ 0 & \sigma_y^2 & \rho_{ya}\sigma_y\sigma_a \\ \rho_{xa}\sigma_x\sigma_a & \rho_{ya}\sigma_y\sigma_a & \sigma_a^2 \end{bmatrix} \right) \quad (20)$$

---

[7] なお Bergemann and Morris（2013b）は Morris and Shin（2002）の美人投票ゲームや Angeletos and Pavan（2007）に代表されるグローバルゲームを分析するときに非常に有用となる分析方法を提示している．本章では論文の中の重要なポイントを拾いつつ議論を展開する予定である．

[8] この証明は 5.1.3 節まで保留にする．

によって与えられると仮定し，誘因両立条件を満たす a の分布パラメータ $(\mu_a, \rho_{xa}, \rho_{ya}, \sigma_a^2)$ を調べていく．

まず (20) で定義されたものが確率分布としての性質を満たすための条件が必要になる．具体的には，(20) の 3×3 の行列が分散共分散行列として半正定値行列になっていなくてはならない．そのためには

$$\rho_{ya} \in [-1, 1]$$

$$\rho_{xa} \in [-1, 1]$$

$$1 - \rho_{ya}^2 - \rho_{xa}^2 \geq 0$$

の3条件が必要になる．はじめの2つは相関係数についてとりうる範囲が決まっていることに対応し，最後の条件は独立な x と y 両方と高い相関を持つことはできないという条件になっている．

さて，誘因両立条件は

$$a = \mathbb{E}[x|a] \tag{21}$$

で与えられる．繰り返し期待値の法則を適用することで一次モーメントの条件

$$\mu_a = \mu_x \tag{22}$$

が得られる．また正規分布の性質から条件付き期待値 $\mathbb{E}[x|a] = \mu_x + \rho_{xa}\sigma_x\sigma_a\sigma_a^{-2}(a - \mu_a)$ が得られる．任意の $a \in A$ について (21) が成り立つのは a の係数が両辺で一致しているときに限る．そこから二次モーメントの条件

$$1 = \rho_{xa}\sigma_x\sigma_a^{-1} \tag{23}$$

が得られる．

プラットフォームの目的関数が $\mathbb{E}[ay] = \rho_{ya}\sigma_y\sigma_a - \mu_a\mu_y$ と書けることから，誘因両立条件を満たす最適選択ルールは以下の問題の解として与えられる．

$$\max_{\rho_{xa}, \rho_{ya}, \sigma_a} \rho_{ya}\sigma_y\sigma_a - \mu_a\mu_y$$

$$\text{s.t. } \mu_a = \mu_x$$

$$\sigma_a = \rho_{xa}\sigma_x$$

$$1 - \rho_{xa}^2 - \rho_{ya}^2 \geq 0$$

$$\rho_{xa} \in [-1, 1]$$

$$\rho_{ya} \in [-1, 1]$$

命題 5. Rayo and Segal (2010) の例において状態が正規分布に従うとき，最適な BCE 選択ルールはパラメータ $(\mu_a, \rho_{xa}, \rho_{ya}, \sigma_a^2) = \left(\mu_x, \frac{1}{\sqrt{2}}, \frac{1}{\sqrt{2}}, \frac{1}{2}\sigma_x^2\right)$ で与えられ，そのときの情報提供者の期待利得は $\frac{\sigma_x \sigma_y}{2} - \mu_x \mu_y$ となる．

5.1.3 SDP アプローチ

同じ問題をより Kamenica and Gentzkow (2011) に近いアプローチで解くこともできる[9]．情報提供者の事前の期待利得は

$$\begin{aligned}
\mathbb{E}[ay] &= \mathbb{E}[\mathbb{E}[ay|s]] \\
&= \mathbb{E}[\mathbb{E}[x|s]\mathbb{E}[y|s]] \\
&= \text{cov}(\mathbb{E}[x|s], \mathbb{E}[y|s]) - \mathbb{E}[x] \cdot \mathbb{E}[y]
\end{aligned}$$

と表すことができる．3.2 節でみたように，情報提供者の期待利得は，一般に，「事後予想の分布」によって決まるのだが，ここでは「条件付き期待値の二次モーメント」によって決まることになる．その意味で 3.2.1 節の一般的分析の特殊ケースに相当すると言うことができる．シグナルの選択によって実現可能な事後予想の分布は整合性条件 $\mathbb{E}\mu = \bar{\mu}$ であったが，本節の例では状態空間が非加算集合であり 3.2.2 節のように図解することは困難である．そのため以下では新たに条件付き期待値の性質を導入し，今回の問題に合った整合性条件を導出する．

---

[9] 具体的には，条件付き期待値の分散共分散行列について半正定値計画法 (SDP) を適用するアプローチである．詳しい説明は Tamura (2013b) を参照．

ここからは条件付き期待値を $\hat{x} = \mathbb{E}[x|s]$, $\hat{y} = \mathbb{E}[y|s]$ で表記する．次の補題はシグナルの選択とそれによって実現可能な条件付き期待値の分布の1つの関係を与えている．

補題 3. $(\hat{x}, \hat{y})$ がシグナルの選択によって実現する条件付き期待値であるならば，次の関係が成り立つ：

$$\operatorname{var}(x, y) \succeq \operatorname{var}(\hat{x}, \hat{y}) \succeq O \tag{24}$$

ただし $A \succeq B$ は対称行列 A, B について $A - B$ が半正定値であることを表す．

証明． 確率変数 $(\hat{x}, \hat{y})$ の分散共分散行列 $\operatorname{var}(\hat{x}, \hat{y})$ は半正定値でなければならないことから $\operatorname{var}(\hat{x}, \hat{y}) \succeq O$ が得られる．また予測誤差 $(x - \hat{x}, y - \hat{y})$ の分散共分散行列が $\operatorname{var}(x, y) - \operatorname{var}(\hat{x}, \hat{y})$ となることから $\operatorname{var}(x, y) \succeq \operatorname{var}(\hat{x}, \hat{y})$ が得られる． □

以下では

$$\operatorname{var}(x, y) = \begin{pmatrix} \sigma_x^2 & 0 \\ 0 & \sigma_y^2 \end{pmatrix} \qquad \operatorname{var}(\hat{x}, \hat{y}) = \begin{pmatrix} \tilde{\sigma}_x^2 & \tilde{\sigma}_{xy} \\ \tilde{\sigma}_{xy} & \tilde{\sigma}_y^2 \end{pmatrix}$$

と表記し，情報提供者にとって最適な条件付き期待値の分布パラメータ $(\tilde{\sigma}_x^2, \tilde{\sigma}_y^2, \tilde{\sigma}_{xy})$ を探すことになる．ただし条件 (24) はシグナルの選択を通じて達成可能であるための必要条件にすぎないことに注意してほしい．つまり条件 (24) の範囲で期待利得を最大にする $(\tilde{\sigma}_x^2, \tilde{\sigma}_y^2, \tilde{\sigma}_{xy})$ が見つかったとしても，それを達成するシグナルが存在することは別途示す必要がある．

条件 (24) を具体的に書き出した形で，情報提供者の期待利得の上限を求める問題を定式化すると，

$$\max_{\tilde{\sigma}_x^2, \tilde{\sigma}_y^2, \tilde{\sigma}_{xy}} \tilde{\sigma}_{xy} - \mu_x \mu_y$$

$$\text{s.t. } \tilde{\sigma}_x^2 \in [0, \sigma_x^2]$$

$$\tilde{\sigma}_y^2 \in [0, \sigma_y^2]$$

第 4 章 最適シグナル

$$\tilde{\sigma}_x^2 \tilde{\sigma}_y^2 \geq \tilde{\sigma}_{xy}^2$$

$$(\sigma_x^2 - \tilde{\sigma}_x^2)(\sigma_y^2 - \tilde{\sigma}_y^2) \geq \tilde{\sigma}_{xy}^2$$

となる．$\tilde{\sigma}_{xy}$ にかかる不等号制約を最も緩めるように $(\tilde{\sigma}_x^2, \tilde{\sigma}_y^2)$ を設定すればよい．よって解は $(\tilde{\sigma}_x^2, \tilde{\sigma}_y^2, \tilde{\sigma}_{xy}) = (\sigma_x^2/2, \sigma_y^2/2, \sigma_x\sigma_y/2)$ となり，期待利得の上限は $\sigma_x\sigma_y/2 - \mu_x\mu_y$ となる．

ここまでの議論は状態の分布に依存しない結果であることに注意してほしい．つまりこのアプローチでは分布の形状に依存せず，その二次モーメントのみから利得の上限が求まるのである．先に述べたように得られた利得の上限を達成するシグナルを実際に構築する必要があり，そのときに状態の事前分布を特定する必要が出てくる．正規分布の場合，条件 $\mathrm{var}(x,y) \succeq \tilde{\Sigma} \succeq O$ を満たす任意の $\tilde{\Sigma}$ について $\mathrm{var}(\hat{x}, \hat{y}) = \tilde{\Sigma}$ となるシグナルが存在するため，先に求めた利得の上限を達成するシグナルの存在について心配する必要がない．

命題 6. Rayo and Segal（2010）の例において状態が正規分布に従うとき，最適シグナルは非確率的であり，シグナル表示は $s = g(x, y)$ として表現できる．ただし関数 $g: \mathbb{R}^2 \to \mathbb{R}$ は

$$g(x, y) = \sigma_x^{-1} x + \sigma_y^{-1} y \tag{25}$$

で与えられる．最適シグナルのもとでの情報提供者の期待利得は $\frac{\sigma_x\sigma_y}{2} - \mu_x\mu_y$ となる．

5.2 価格差別とセグメンテーション

企業は消費者の属性により異なる価格を設定することがある．学生証を提示すれば割安で購入できる商品や利用できる施設などはたくさんあるし，映画館はレディースデイやシニア割などを設定している．そのような価格差別を第三種価格差別と呼ぶ[10]．消費者の属性に関する情報を企業が利用でき，

---

[10] 企業が消費者の属性や支払許容額などを完全に把握でき，個人ごとに異なる価格を設定することを第一種価格差別と呼ぶ．また購入量や利用時間などに応じて異なる価格を設定することを第二種価格差別と呼ぶ．

それに基づいて価格差別を行うときに，消費者余剰や生産者余剰がどのように変化するか．本節では 3.2 節のビリーフデザインアプローチの応用例として分析を進めることにする．

5.2.1 設定

設定は Bergemann et al.（2013b）にある例を単純化したものを用いる．いま独占企業と代表的消費者がいる単純な設定を考えよう．消費者の支払許容額は $\omega \in \Omega \equiv \{1, 2, 3\}$ で与えられる．これは消費者の私的情報であり，ω に関する企業の事前予想は $\bar{\mu} = (\frac{1}{3}, \frac{1}{3}, \frac{1}{3})$ であると仮定する．企業は消費者の属性に関する情報から消費者の支払許容額を推測する．ここでは企業が得る情報はシグナル (S, π) として明示的に定義することはせず，事後予想 $\mu = (\mu_1, \mu_2, \mu_3) \in \Delta(\{1, 2, 3\})$ の分布 $\tau \in \Delta(\Delta(\Omega))$ として記述する．3.2 節で見たように整合性条件 (CC) を満たす τ については，それに対応するシグナルが存在する．

価格差別の文脈としては，μ を「マーケット」，τ を「セグメンテーション」と解釈することができる．いま消費者が無数にいる状況で学生かどうかで価格差別できるとしよう．たとえば学生という属性を持つ消費者のマーケットでは支払許容額の分布が $\mu^{学生} = (0.8, 0.1, 0.1)$，学生でない消費者のマーケットでは $\mu^{学生でない} = (0.2, 0.4, 0.4)$ となっているとする．このように属性ごとに支払許容額の分布が異なる場合，企業は異なる価格を設定する誘因があるだろう．企業が利用できる情報あるいは可能な価格差別のパターンを記述するときにシグナルではなく μ の分布 τ で表現する．この場合，$\tau(\mu)$ は支払許容額の分布が μ である市場の規模と解釈される．

企業の価格戦略は $a^* : \mathrm{Supp}(\tau) \to \mathbb{R}_+$ とする．これは事後予想あるいは細分化されたマーケットごとに設定する価格を決めることができることを表している．価格 p を設定したときの購入確率（需要関数）$Q_\mu(p)$ は μ に依存し，以下のように書ける．

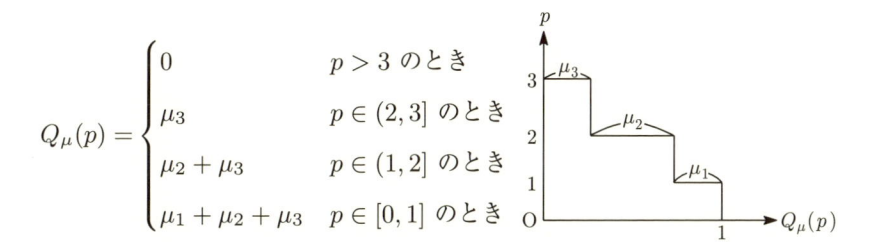

$$Q_\mu(p) = \begin{cases} 0 & p > 3 \text{ のとき} \\ \mu_3 & p \in (2,3] \text{ のとき} \\ \mu_2 + \mu_3 & p \in (1,2] \text{ のとき} \\ \mu_1 + \mu_2 + \mu_3 & p \in [0,1] \text{ のとき} \end{cases}$$

5.2.2 分析

まずベンチマークとして単一価格のケースと第一種価格差別のケースについて調べることからはじめよう．

- 単一価格（利用可能な情報がない場合）
  企業が追加情報を得られないケースを考えよう．形式的には $\text{Supp}(\tau) = \{\bar{\mu}\}$ として表現できる．つまり事後予想は確率 1 で事前予想に一致するというわけである．このとき企業は単一価格をつけるしかなく，最適価格は $\bar{p} \equiv \arg\max p Q_{\bar{\mu}}(p) = 2$ である．このときの消費者余剰 CS^A，生産者余剰 PS^A，総余剰 TS^A は

$$CS^A = \frac{1}{3} \qquad PS^A = \frac{4}{3} \qquad TS^A = \frac{5}{3}$$

- 第一種価格差別（消費者の支払許容額が完全にわかる場合）
  企業が個人を支払許容額に応じて差別できるケースを考えよう．形式的には $\text{Supp}(\tau) = \{(1,0,0), (0,1,0), (0,0,1)\}$ として表現できる．消費者の支払許容額いっぱいの価格を設定することが企業にとって最適な価格戦略になる．つまり $a^*((1,0,0)) = 1$，$a^*((0,1,0)) = 2$，$a^*((0,0,1)) = 3$ である．このとき消費者余剰，生産者余剰，および総余剰は

$$CS^B = 0 \qquad PS^B = 2 \qquad TS^B = 2$$

図 4-8 は余剰が消費者と企業の間でどのように分けられているかを表した図である．単一価格は点 A に対応し，第一種価格差別は点 B に対応する．

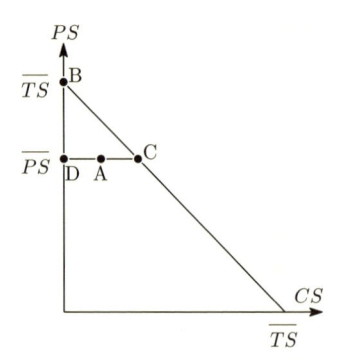

図4-8 消費者余剰と生産者余剰

ここで $\overline{PS}$ は点Aのときの生産者余剰,$\overline{TS}$ は点Bのときの総余剰＝生産者余剰とする.では消費者余剰を最大にする点Cや総余剰を最小にする点Dが達成されるマーケットセグメンテーション τ は存在するのか[11].存在するとしたらどのような特徴を持つのか.詳細な分析はBergemann et al. (2013b) に譲るとして,ここでは分析のキーとなるコンセプトを紹介し主要な結果を説明する程度にとどめる.

図4-9は事後予想 μ を (μ_2, μ_3)-平面に表し,企業の最適価格 $a^*(\mu)$ を表したものである.左下の濃いアミ掛けの領域は最適価格が1となる事後予想の集合,右手の薄いアミ掛けの領域は最適価格が2となる事後予想の集合,左上の斜線の領域は最適価格が3となる事後予想の集合である.直観的には支払許容額が1の確率が高ければ（図の左下の領域）価格1を設定するのがよく,支払許容額が2の確率が高ければ価格2を設定するのがよいことを示している.●は事前予想 $\bar{\mu} = (\frac{1}{3}, \frac{1}{3}, \frac{1}{3})$ に対応している.○が分析のキーとなる事後分布を表している.○は,無差別条件

$$pQ_\mu(p) = \bar{p}Q_\mu(\bar{p}) \qquad \forall p \in \text{Supp}(\mu) \tag{26}$$

を満たす μ に対応し,価格 $\bar{p} = 2$ に対応する極値点と呼ぶ.無差別条件は,サポート $\text{Supp}(\mu)$ に含まれる任意の評価額を価格として設定しても同一の期待

---

[11] いかなるセグメンテーションにおいても企業は単一価格の利潤以下になることはない.よって点BDCを結ぶ三角形の範囲に注目している.

第 4 章　最適シグナル

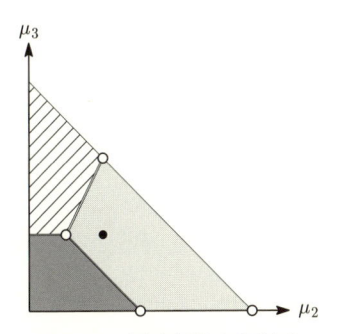

図 4-9　最適価格と極値点

利潤となることを表している．たとえば $\mu = (\frac{1}{2}, \frac{1}{2}, 0)$ は $\mathrm{Supp}(\mu) = \{1, 2\}$ であり，価格 1 のときの利潤 $1 \cdot Q_\mu(1) = 1$ と価格 2 のときの利潤 $2 \cdot Q_\mu(2) = 1$ が一致している．このような事後分布は価格 2 に対応する極値点であり，かつ価格 1 に対応する極値点でもある．

いまセグメンテーション τ^e のサポートが $\bar{p}$ に対応する極値点のみからなるとしよう[12]．このとき生産者余剰は常に $\bar{p}$ を設定しているのと無差別であるはずなので $PS = \overline{PS}$ となる．いま 2 つの価格戦略を定義する．

$$\underline{a}^*(\mu) \equiv \min(\mathrm{Supp}(\mu)) \qquad \overline{a}^*(\mu) \equiv \max(\mathrm{Supp}(\mu))$$

なお τ^e の定義上，任意の $\mu \in \mathrm{Supp}(\tau^e)$ について，任意の価格 $p \in \mathrm{Supp}(\mu)$ が無差別になっている．よって τ^e のもとでは $\overline{a}^*$，$\underline{a}^*$ ともに企業にとって最適戦略になっている．以下に示すように $(\tau^e, \underline{a}^*)$ の組は図 4-8 の点 C に対応し，$(\tau^e, \overline{a}^*)$ の組は点 D に対応する．

- $(\tau^e, \underline{a}^*)$ の場合

    任意の $\mu \in \mathrm{Supp}(\tau^e)$ について，設定される価格はサポートに含まれるすべての消費者の支払許容額以下になっている．つまりすべての消費者が購入しており，死荷重はゼロになっている．企業の期待利潤は

---

[12]　なお最適価格が $\bar{p}$ となる任意の事後予想 μ は，$\bar{p}$ に対応する極値点の凸結合として表現できることが示せる．詳しくは Bergemann et al.（2013b）を参照．

$PS = \overline{PS}$ であることから,消費者余剰が $CS = \overline{TS} - \overline{PS}$ で与えられる．これは得られる最大の消費者余剰に相当し,点 C に対応する．

- $(\tau^e, \bar{a}^*)$ の場合

  任意の $\mu \in \mathrm{Supp}(\tau^e)$ について,最大価格 $p = \max(\mathrm{Supp}(\mu))$ がつけられているため消費者余剰は発生していない．生産者余剰は $PS = \overline{PS}$ なので,総余剰を最小にする点 D に対応することがわかる．

図 4–8 の点 B, C, D を達成するセグメンテーションと価格戦略の組 $(\tau_B, a_B^*), (\tau_C, a_C^*), (\tau_D, a_D^*)$ がそれぞれ存在することが示された．なおセグメンテーションを確率的に与えることで,点 B, C, D の凸結合に対応する余剰の分配が達成可能である．

命題 7. $PS \geq \overline{PS}$, $CS \geq 0$, かつ $CS + PS \leq \overline{TS}$ を満たす任意の消費者余剰 CS と生産者余剰 PS の組について,それを実現するセグメンテーション $\tau \in \Delta(\Delta(\Omega))$ と最適価格戦略 $a^* : \mathrm{Supp}(\tau) \to \mathbb{R}_+$ の組が存在する．

フェイスブックに代表される SNS では個人の属性や興味関心,交友関係などの情報があふれており,Suica などの電子マネーの利用履歴からは個人の行動パターンや購買行動の情報が収集される．そういった情報を企業が市場の細分化のために利用することの効果は必ずしも自明ではなく,消費者余剰の改善のためにどのような利用が許されるべきか個別具体的な議論が必要である．また 5.1 節で見たような広告情報のコントロールなど他者に利用させるための最適情報設計などは,まだまだ研究余地のあるトピックであると考えられる．

6 おわりに

本章では意思決定者の行動をコントロールすることに焦点を当てたメカニズムデザインアプローチ（Myerson 1982; Bergemann and Morris 2013a）と意思決定者の状態に関する予想・期待をコントロールすることに焦点を当てたビリーフデザインアプローチ（Kamenica and Gentzkow 2011）を対比する

形で紹介してきた．今後の研究の方向性としては次の2つがいっそう重要になっていくと考えられる．

1つはビリーフデザインアプローチの動学分析である．Ely et al.（2013）を除くと研究がほとんど進んでいない領域であり，今後の進展が期待される．

もう1つはインセンティブのコントロールと予想や期待のコントロールをセットで扱い，それらの相互作用や限界などを分析する方向である．たとえば，労働契約の場面を考えたときに企業は仕事内容やキャリアパスに関して公開されていない情報を持っているだろう．そこで雇用契約を結ぶ段階では，契約の設計によって労働者のインセンティブをコントロールするだけでなく，情報提供により労働者の予想や期待をコントロールすることでより高い水準の努力が引き出せるかもしれない．このように情報提供者が意思決定者の利得を直接変化させるような行動をとることができる場合，情報提供者の行動選択により情報が伝わってしまうシグナリングの問題も関わってくることになり，新たなアプローチが必要になるかもしれない[13]．

【謝辞】

本章の執筆にあたり，舛田武仁氏（高知工科大学）および野田俊也氏（東京大学大学院）から論文全体にわたり詳細なコメントをいただいた．ここに記して感謝したい．

【参考文献】

Angeletos, G.-M. and Pavan, A. (2007) "Efficient Use of Information and Social Value of Information," *Econometrica*, 75(4), pp. 1103–1142.

Aoyagi, M. (2013) "Strategic Obscurity in the Forecasting of Disasters," mimeo, Institute of Social and Economic Research, Osaka University.

Bergemann, D., Brooks, B. and Morris, S. (2013a) "Extremal Information Structures in the First Price Auction," Discussion Paper 1926, Cowles

---

[13] Ottaviani and Prat（2001）は独占企業の価格設定と製品情報の公開といった文脈で，Tamura（2013a）は金融政策と中央銀行の情報開示の文脈で，それぞれシグナリング効果がある状況のアプローチを提示している．一方，Aoyagi（2013）やJehiel（2012）はシグナリング効果がない状況の分析を行っている．

Foundation for Research in Economics, Yale University.

——— (2013b) "The Limits of Price Discrimination," Discussion Paper 1896R, Cowles Foundation for Research in Economics, Yale University.

Bergemann, D. and Morris, S. (2013a) "Bayes Correlated Equilibrium and the Comparison of Information Structures," Discussion Paper 1822R, Cowles Foundation for Research in Economics, Yale University.

——— (2013b) "Robust Predictions in Games with Incomplete Information," *Econometrica*, 81(4), pp. 1251–1308.

Ely, J., Frankel, A. and Kamenica, E. (2013) "Suspense and Surprise," mimeo, University of Chicago.

Gentzkow, M. and Kamenica, E. (2012) "Competition in Persuasion," mimeo, University of Chicago.

Jehiel, P. (2012) "On Transparency in Organizations," mimeo, Paris School of Economics.

Kamenica, E. and Gentzkow, M. (2011) "Bayesian Persuasion," *American Economic Review*, 101(6), pp. 2590–2615.

Morris, S. and Shin, H. S. (2002) "Social Value of Public Information," *American Economic Review*, 92(5), pp. 1521–1534.

Myerson, R. B. (1982) "Optimal Coordination Mechanisms in Generalized Principal-Agent Problems," *Journal of Mathematical Economics*, 10(1), pp. 67–81.

Ottaviani, M. and Prat, A. (2001) "The Value of Public Information in Monopoly," *Econometrica*, 69(6), pp. 1673–1683.

Rayo, L. and Segal, I. (2010) "Optimal Information Disclosure," *Journal of Political Economy*, 118(5), pp. 949–987.

Tamura, W. (2013a) "Optimal Monetary Policy and Transparency under Informational Frictions," Working Paper CARF–F–329, Center for Advanced Research in Finance, University of Tokyo.

——— (2013b) "A Theory of Multidimensional Information Disclosure," mimeo, Center for Advanced Research in Finance, University of Tokyo.

第5章
表明選好法と熟議型貨幣評価

柘植隆宏

1 はじめに

　環境は市場で取引されないため，価格が存在しない．そのため，経済的な意思決定においては無視されがちである．環境の価値が経済的な意思決定に組み込まれるようにするためには，環境の価値を経済的に評価し，その価値を可視化することが有効である．環境の価値を経済的に評価することを環境評価と言い，そのための手法を環境評価手法と言う[1]．環境経済学の分野では，これまでにさまざまな環境評価手法が開発されており，今日では現実の政策評価においても利用されている．例えば，日本では公共事業の費用便益分析において，環境改善の便益などを評価するために環境評価手法が用いられており，欧米では規制の費用便益分析において，規制がもたらす環境や健康の面での便益を評価するために用いられている（栗山他 2013）．また，2010年に名古屋市で開催された生物多様性条約第10回締約国会議（COP10）で最終報告が行われた「生態系と生物多様性の経済学（The Economics of Ecosystems and Biodiversity: TEEB）」において，あらゆる主体の意思決定に生物多様性への配慮を組み込んでいくことが重要であり，そのためには，生物多様性や生態系サービスの価値を経済的に評価することが

---

[1] 環境だけでなく，健康，安全，文化財など市場で取引されないさまざまな財の評価も行われることから，非市場評価とも呼ばれる．

有効であることが示された結果,世界的に生態系サービスの価値評価に対する関心が高まっている(TEEB 2010).

環境評価手法には,人々の行動から環境の価値を評価する顕示選好法と,人々の意見から環境の価値を評価する表明選好法が存在するが,近年は生態系サービスを含むあらゆる財の価値評価に適用可能な表明選好法に対する関心が高まっている.

表明選好法では,人々が環境に対する確かな選好を持っており,環境の価値を正確に表明できることが想定されている.また,人々は私的財の購入に関する意思決定の場合と同様に,環境に関しても利己的な消費者として意思決定を行うことが想定されている.しかし,このような表明選好法の前提の妥当性を巡っては議論がある.そのような中で注目を集めているのが,熟議型貨幣評価(deliberative monetary valuation: DMV)という手法である.これは,経済学における価値評価と政治学における熟議プロセスを融合させた手法であり,対話や討議を通して形成された選好に基づいて環境の価値評価を行うものである.DMVでは,表明選好法の前提に対する批判を克服できる可能性がある.

本章では,表明選好法について解説を行うとともに,新たな環境評価手法であるDMVの研究動向を紹介する.本章の構成は以下のとおりである.2節では,環境の価値と環境評価手法について解説する.3節では,表明選好法の代表的な手法である仮想評価法(contingent valuation method: CVM)とコンジョイント分析について解説を行う.4節では,表明選好法の前提とそれに対する批判を紹介する.5節ではDMVの特徴について解説を行うとともに,国内の研究事例を取り上げて,実際の実施手順を紹介する.6節ではまとめと今後の研究課題を提示する.

2 環境の価値と評価手法

2.1 環境の価値

身近な河川を例として,環境が我々に提供しているサービスの観点から,環境の価値を整理してみよう(栗山 1998;栗山他 2013).河川では魚やエビ,

海苔などの食料を得ることができる．このように収穫物を消費するなどの形で，環境を資源として直接的に利用することで得られる価値を「直接的利用価値」と言う．また，河川では美しい景観を楽しんだり，釣りや水遊びなどのレクリエーションを楽しんだりすることができる．このように，その環境が存在することで間接的に得られる価値を「間接的利用価値」と言う．さらに，いまは利用しないが将来レクリエーションに利用したいから，あるいは将来河川の生物から有用な遺伝資源が発見されるかもしれないから，などの理由で河川を保全したいと考える人がいるかもしれない．このように，将来の利用可能性を維持するために，その環境を残しておくことから得られる価値を「オプション価値」と言う．これらは，いずれも利用に伴って得られる価値であるため「利用価値」と総称される．

これに対して，河川には利用しなくても得られる価値も存在する．将来世代のために貴重な環境を残したいと考える人は，河川の生態系を子や孫に残すことで満足を得るだろう．このように，環境を次世代に残すことから得られる価値を「遺産価値」と言う．また，単に貴重な環境が存在すること自体から満足を得る場合があるかもしれない．このように，河川の生態系が存在することそのものから得られる価値を「存在価値」と言う．遺産価値や存在価値のように，利用しなくても得られる価値は「非利用価値」，または「受動的利用価値」と呼ばれる．

2.2 環境評価手法

次に，前項で説明した環境の価値の分類を踏まえて，環境評価手法の特徴を整理してみよう．環境評価手法は人々の行動から環境の価値を評価する顕示選好法と，人々の意見から環境の価値を評価する表明選好法に大別される（栗山 1998；栗山他 2013）．

顕示選好法には，環境が提供するサービスと同じサービスを私的財により供給する場合に必要となる費用から評価を行う代替法，人々がレクリエーション地を訪問するために費やす費用をもとにレクリエーションの価値を評価するトラベルコスト法，環境の状態と住宅価格の関係から住環境やアメニティの価値を評価するヘドニック価格法などが含まれる．

顕示選好法は実際に人々がとった行動をもとに分析を行うため，データの信頼性が高いという利点を持つ．しかしながら，顕示選好法で評価できるのは，何らかの形で環境を利用することにより得られる価値である利用価値だけである．非利用価値は利用しなくても得られる価値であるため，顕示選好法では評価できない．生態系のように非利用価値を有する環境の価値を評価するためには，人々の意見をもとに評価を行う表明選好法が必要となる．このため，生物多様性の保全など，非利用価値が関わる環境問題が深刻化した1980年代以降，表明選好法に対する関心が高まっている（栗山 1998；栗山他 2013）．以下では表明選好法の代表的な手法である CVM とコンジョイント分析について解説しよう．

3　表明選好法

3.1　仮想評価法（CVM）

3.1.1　手法の特徴

　CVM はアンケートで人々に環境の価値を尋ねる方法である．CVM のアイディアは Ciriacy-Wantrup（1947）により示され，Davis（1963）によって初めての実証研究が行われた（栗山 1998）．

　CVM はアンケートで環境の価値を尋ねるため，どのような評価対象の価値でも評価できるが，評価結果の歪み（バイアス）が発生しやすいという問題がある．CVM を用いる際には，バイアスが発生しないようアンケート設計に細心の注意が必要である[2]．

　1989 年に発生したエクソン社のタンカー「バルディーズ号」による原油流出事故の際には，油濁法に基づき，アラスカ州政府と連邦政府がエクソン社に生態系破壊に対する賠償を求める損害賠償訴訟を起こしたが，この際，生態系破壊の損害額を算定するために CVM が使われた（栗山 1998；栗山他 2013）．

---

[2] CVM のバイアスについては，栗山（1998）や Mitchell and Carson（1989）が詳しい．

第 5 章 表明選好法と熟議型貨幣評価

　CVM では，環境改善に対する支払意志額（willingness to pay: WTP），環境悪化に対する受入補償額（willingness to accept compensation: WTA），環境改善中止に対する WTA，環境悪化中止に対する WTP のいずれかを尋ねることで環境の価値を評価することができるが，同じ対象を WTP で評価した場合と WTA で評価した場合，しばしば WTA が WTP を大きく上回ることが知られている（栗山他 2013）．アメリカの商務省国家海洋大気管理局（National Oceanic and Atmospheric Administration: NOAA）が CVM により信頼性の高い結果を得るための条件をまとめた NOAA ガイドラインにおいても[3]，控えめな評価額が得られる WTP を用いることが推奨されていることから，CVM では WTP を尋ねるシナリオを採用することが多い．以下では環境改善に対する WTP を尋ねるケースを想定して解説を行おう．

3.1.2　質問形式

　CVM には，回答者に自らの WTP を自由に回答してもらう自由回答形式，回答者にある金額を提示して支払う意思があるか質問を行い，支払うと回答した回答者にはより高い金額を，支払わないと回答した回答者にはより低い金額を提示して再び質問を行うといったことを繰り返すことで，回答者の WTP を明らかにする競りゲーム形式，回答者に金額のリストを提示し，自らの WTP に該当するものを選んでもらう支払いカード形式，回答者にある金額を提示して支払う意思があるかを 1 度だけ尋ねる二肢選択形式などの質問形式が存在するが，現在では，日常の購買行動と類似しているため回答しやすく，最もバイアスが発生しにくい二肢選択形式が広く用いられている（栗山他 2013）．二肢選択形式の質問は，図 5-1 のようなものである．下線の引かれた提示額の部分には，あらかじめ設定されたいくつかの金額のうちいずれかが，回答者ごとに無作為に提示される．

　回答者は，環境改善が行われる代わりに提示額を支払わなければならない状況と，環境改善が行われない代わりに提示額も支払わなくてよい状況を比較し，より高い効用が得られるほうを選択する．

---

[3]　NOAA ガイドラインの詳細については，栗山（1997）を参照されたい．

> あなたはこの川の水質を，現在の水遊びに適さない水準から，水遊びができる水準まで改善するために，_____円を支払ってもかまわないと思いますか？　以下の中から，どちらか1つを選んで番号に○を付けてください．
>
> 　　　　　1.はい　　　　2.いいえ

図5-1　二肢選択形式の質問例

なお，二肢選択形式には，最初の提示額に対して賛成と回答した回答者にはより高い金額を，反対と回答した回答者にはより低い金額を提示して，再び質問を行う二段階二肢選択形式という質問形式もある．二段階二肢選択形式では，通常の二肢選択形式と比較して，WTPの存在する区間をより特定することができる．

3.1.3　二肢選択形式の推定方法

二肢選択形式で得られたデータは，ランダム効用モデル，支払意志額関数モデル，生存分析などにより分析が行われる．また，分布を仮定しないノンパラメトリックな分析も可能である（栗山他 2013；Haab and McConnell 2003）．ここでは，最も一般的に用いられるランダム効用モデルによる分析について解説を行おう（柘植他 2005a）．

ランダム効用モデルでは，回答者nが賛成と回答したときの効用U_n^Yと反対と回答したときの効用U_n^Nが，それぞれ観察可能な確定項Vと，観察不可能な誤差項εからなると仮定する．

$$U_n^Y = V\left(q^Y, M_n - p_n\right) + \varepsilon_{nY} \tag{1}$$

$$U_n^N = V\left(q^N, M_n\right) + \varepsilon_{nN} \tag{2}$$

ただし，M_nは所得，p_nは賛成と回答した場合の負担額，q^Yは環境改善がなされる場合の環境の状況，q^Nは環境改善がなされない場合の環境の状況を示している．このとき，回答者nが賛成と回答する確率P_{nY}は，賛成と

回答したときの効用 U_n^Y が，反対と回答したときの効用 U_n^N よりも高くなる確率であるから，以下のように表すことができる．

$$
\begin{aligned}
P_{nY} &= \Pr[U_n^Y > U_n^N] \\
&= \Pr[V(q^Y, M_n - p_n) + \varepsilon_{nY} > V(q^N, M_n) + \varepsilon_{nN}] \\
&= \Pr[V(q^Y, M_n - p_n) - V(q^N, M_n) > \varepsilon_{nN} - \varepsilon_{nY}] \\
&= \Pr[\varepsilon_{nY} - \varepsilon_{nN} > -\Delta V_n]
\end{aligned}
\tag{3}
$$

ただし，ΔV_n は賛成と回答した場合と反対と回答した場合の確定項の差であり，効用差関数と呼ばれる．

効用差関数の関数形を特定し，誤差項に特定の分布を仮定することで，効用差関数のパラメータを推定することが可能となる．効用差関数 ΔV_n には，以下のような線形関数や対数線形関数が用いられることが多い．

$$\Delta V = \alpha + \beta p_n \tag{4}$$

$$\Delta V = \alpha + \beta \ln p_n \tag{5}$$

ただし，α と β は推定されるパラメータである．誤差項が第一種極値分布（ガンベル分布）に従うと仮定すると，回答者が賛成と回答する確率 P_{nY} は，以下の二項ロジットモデルによって表すことができる．

$$P_{nY} = \frac{1}{1 + e^{-\Delta V_n}} \tag{6}$$

また，誤差項が標準正規分布に従うと仮定すると，確率 P_{nY} は，以下の二項プロビットモデルによって表すことができる．

$$P_{nY} = \Phi(\Delta V_n) \tag{7}$$

ただし，Φ は標準正規分布の累積密度関数を表す．パラメータ α と β は最尤法により推定される．対数尤度関数は以下のとおりである．

$$\ln L = \sum_{n=1}^{N} (\delta_n^Y \ln P_{nY} + (1 - \delta_n^Y) \ln(1 - P_{nY})) \tag{8}$$

ただし，δ_n^Y は回答者 n が賛成を選択したときに 1，それ以外のときは 0 となるダミー変数である．

二肢選択形式では，WTP の推計値として中央値と平均値の 2 種類の金額が得られる．中央値は，提示額に賛成する確率が 0.5 となる金額と定義される．線形と対数線形の効用差関数を仮定した場合の中央値 WTP_{linear}^{median} と $WTP_{log-linear}^{median}$ は，それぞれ以下のように表される（Hanemann 1984）．

$$WTP_{linear}^{median} = -\frac{\alpha}{\beta} \tag{9}$$

$$WTP_{log-linear}^{median} = \exp\left(-\frac{\alpha}{\beta}\right) \tag{10}$$

一方，平均値は，回答者が賛成と回答する確率 P_{nY} を提示額に関して積分することで求められる．ただし，あまりに高額な提示額まで積分を行うことは現実的でないため，回答者の所得までで打ち切ったり，最大提示額までで打ち切ったりすることが多い．最大提示額 p_{max} まで積分を行った場合の平均値 WTP^{mean} は，以下のように表される．

$$WTP^{mean} = \int_0^{p_{max}} P_{nY}(p)dp \tag{11}$$

ここでは，効用差関数が定数項と提示額の項のみからなる場合を想定したが，性別，年齢，所得といった回答者の社会経済的属性や，評価対象に関する知識，環境問題に対する関心の度合いなどを変数化し，効用差関数の説明変数に加えることも可能である．このようなモデルを推定することで，WTP に影響を及ぼす要因を明らかにすることができる（栗山他 2013）．

3.2 コンジョイント分析
3.2.1 手法の特徴

コンジョイント分析は 1960 年代に計量心理学の分野で誕生し，その後は市場調査の分野で研究が進んだ手法である（栗山 2000）．環境評価手法として用いられるようになったのは，1990 年代に入ってからである．

第 5 章　表明選好法と熟議型貨幣評価

　コンジョイント分析は，回答者に対して複数の選択肢を提示し，それらに対する回答者の評価に基づいて，選択肢を構成する各属性の価値を評価する方法である．コンジョイント分析は，Lancaster（1966）の多属性効用関数を理論的基礎とする．例えば，スマートフォンという財は，OS の種類，バッテリーの容量，液晶のサイズ，カメラの画素数，重量，デザインなど，さまざまな属性を持つ．多属性効用関数の理論では，消費者はこれらのさまざまな属性から効用を得ており，その合計がスマートフォンから得られる効用と考える．

　スマートフォンに関してコンジョイント分析を行う場合には，属性の組み合わせで表現されたさまざまなスマートフォンを回答者に提示し，それらを評価してもらう．そのようにして得られた回答者の評価から，例えば，カメラの画素数 1 万画素の価値はいくら，あるいは液晶のサイズ 1 インチの価値はいくらといったように，属性ごとに価値を評価することができる．なお，コンジョイント分析では，カメラの画素数であれば何万画素か，液晶のサイズであれば何インチかといったように，各属性が取りうる具体的な内容や値のことを水準と呼び，各属性の水準の組み合わせとして表現される選択肢（ここではスマートフォン）のことをプロファイルと呼ぶ．

　属性単位の評価ができれば，それに基づきさまざまな代替案の価値を評価することができる．例えば，河川整備に関する代替案を検討する際に，さまざまな水質改善の程度とさまざまな親水性向上の程度の価値がそれぞれ明らかであれば，それらに基づき水質改善の程度と親水性向上の程度が異なるさまざまな代替案の価値を求め，比較することができる．このように，コンジョイント分析では，政策代替案の比較検討に役立つ結果が得られる．ただし，コンジョイント分析は CVM と同様にアンケートを用いるため，バイアスが発生しやすい．このため，アンケート設計には細心の注意が必要である．

3.2.2　質問形式

　コンジョイント分析では，回答者にプロファイルを 1 つ提示して，それがどれくらい好ましいかを回答してもらう完全プロファイル評定型，回答者に

プロファイルを2つ提示して，どちらがどれくらい望ましいかを回答してもらうペアワイズ評定型，回答者に複数のプロファイルを提示して，その中から最も望ましいと思うものを1つ選択してもらう選択実験，回答者に複数のプロファイルを提示して，それらを望ましい順に順位づけてもらう仮想ランキングなどの質問形式が存在するが，環境評価の分野では，選択実験が最も広く用いられている[4]．選択実験は市場調査の分野において Louviere and Woodworth（1983）により開発された方法であり，回答形式が市場での購買行動に近いため，回答しやすいと言われている（栗山 2000；栗山他 2013）．選択実験の質問は，図5-2のようなものである．

計画案	計画案1	計画案2	現状
水質改善	泳げる水準まで改善	水遊びができる水準まで改善	遊泳や水遊びには適さない
親水性向上	コンクリート護岸	自然護岸	コンクリート護岸
募金額（1回限り）	3,000円	1,000円	0円

最も望ましいと思うものを1つ選択してください．

図5-2 選択実験の質問例

　この例の場合，回答者は2つの河川整備計画と現状の計3つの選択肢の中から，最も望ましいと思うものを選択する．計画案1は水質改善の程度が大きい点は望ましいが，親水性は向上せず，負担額が大きい．これに対して，計画案2は親水性が向上する点や負担額が小さい点は望ましいが，水質改善の程度は計画案1ほどではない．現状を選択すれば，水質も親水性も現在のままだが，負担額も発生しない．このように，各選択肢にはそれぞれ望ましい点と望ましくない点があるので，回答者はトレードオフを考慮して，自らにとって最も望ましい選択肢を選択する．

3.2.3 選択実験の推定方法

　選択実験においても，CVMの二肢選択形式と同様に，回答者の効用関数

---

[4] 選択実験に関しては Louviere et al.（2000）が詳しい．

にランダム効用モデルを想定する（柘植他 2005b）．回答者 n が選択肢 i を選択したときの効用を U_{ni} と表す．ここで，V_{ni} は確定項，ε_{ni} は誤差項を表す．

$$U_{ni} = V_{ni} + \varepsilon_{ni} \tag{12}$$

回答者 n が選択肢の集合 C から選択肢 i を選択する確率 P_{ni} は，U_{ni} がほかのいずれの選択肢を選択した場合の効用 U_{nj} よりも大きくなる確率として以下のように表される．

$$\begin{aligned} P_{ni} &= \Pr\left(U_{ni} > U_{nj} \; \forall j \in C, \; j \neq i\right) \\ &= \Pr\left(V_{ni} - V_{nj} > \varepsilon_{nj} - \varepsilon_{ni} \; \forall j \in C, \; j \neq i\right) \end{aligned} \tag{13}$$

ここで，誤差項が第一種極値分布（ガンベル分布）に従うと仮定すると，回答者 n が選択肢の集合 C から選択肢 i を選択する確率 P_{ni} は以下の条件付きロジットモデルで表される（McFadden 1974）．

$$P_{ni} = \frac{\exp(\lambda V_{ni})}{\sum_{j \in C} \exp(\lambda V_{nj})} \tag{14}$$

ただし，λ はスケールパラメータであり，通常は 1 に基準化される．確定項 V_{ni} のパラメータは最尤法により推定される．対数尤度関数は以下のとおりである．

$$\ln L = \sum_{n=1}^{N} \sum_{i \in C} \delta_n^i \ln P_{ni} \tag{15}$$

ただし，δ_n^i は回答者 n がプロファイル i を選択したときに 1，それ以外のときは 0 となるダミー変数である．

確定項 V_{ni} には以下のような線形関数が用いられることが多い．表記の簡単化のため，回答者を表す添え字 n と，選択肢を表す添え字 i を省略すると，線形の確定項 V_{ni} は以下のように表される．

$$V = \sum_{k} \beta_k x_k + \beta_p p \tag{16}$$

ただし, x_k は各属性, p は負担額, β_k と β_p は推定されるパラメータを表す. β_k と β_p は経済学的には x_k および所得の限界効用と解釈することができる. 式 (16) を全微分すると, 式 (17) が得られる.

$$\sum_k \frac{\partial V}{\partial x_k} dx_k + \frac{\partial V}{\partial p} dp = dV \tag{17}$$

ここで, 効用水準を不変 ($dV = 0$) とし, 属性1と負担額 p 以外の属性は変化しない ($dx_k = 0,\ k \neq 1$) と仮定すると, 属性1の1単位の向上に対するWTP, すなわち属性1に対する限界支払意志額 (marginal willingness to pay: MWTP) は以下のように求められる.

$$MWTP_{x_1} = -\frac{dp}{dx_1} = -\frac{\partial V/\partial x_1}{\partial V/\partial p} = -\frac{\beta_1}{\beta_p} \tag{18}$$

4 表明選好法の前提を巡る議論

4.1 前提の妥当性に対する疑問

前節で解説を行った表明選好法では, 人々があらかじめ環境に対する確かな選好を持っており, 環境に対するWTPを正確に表明できることが想定されている. このため, 回答者は限られた時間の中で, 調査票に記載された限られた情報のみに基づいて意思決定を行うことが求められる.

しかし, 回答者が環境に対して確かな選好を持っていない場合には, 情報や知識が不足し, 選好が十分に形成されていない段階で回答しなければならないことになる. そのような状況では, 信頼性の高い評価結果は得られないであろう. これまでに表明選好法で観察されてきたアノマリー (標準的な経済理論では説明できない現象) やバイアスの中には, この問題に起因すると考えられるものが存在する. 例えば, List (2003) や Plott and Zeiler (2005) は同じ財の価値をWTPで評価した場合とWTAで評価した場合で評価額が乖離する「WTPとWTAの乖離 (賦存効果)」が, Cox and Grether (1996) は選好が状況によって変化する「選好の逆転」が, それぞれ経験により減少することを示しているが, これらは, 当初は人々が確かな選好を持っておら

ず，経験を積む中で選好が形成され，明確にそれを表明できるようになることを示唆する結果と考えることができるだろう．

　また，表明選好法では，得られた評価結果を費用便益分析などに利用することを想定しているため，経済理論に基づく厚生測度を計測することを目的とする．このため，回答者は私的財の購入に関する意思決定の場合と同様に，利己的な消費者としての選好（消費者選好）に基づいて意思決定を行うことが想定されている．しかし，環境問題のような社会的な問題に関しては，利己的な動機だけでなく，倫理観，社会規範，公平性，権利，手続き的公正などにも配慮した市民としての選好（市民選好）に基づいて意思決定を行うという主張もある（Sagoff 1988; Vadnjal and O'Connor 1994; Kotchen and Reiling 2000; Svedsäter 2003; Cooper et al. 2004）[5]．

　表明選好法では，利己的な動機以外の理由による回答はなるべく発生させないようにするとともに，経済理論の想定と異なる行動をとった回答者の回答は除外することが多い．例えば，表明選好法では，環境と貨幣のトレードオフを認めない回答者は，抵抗回答や辞書式選好として扱われ，分析から除外されることが多い（栗山他 2013; Szabó 2011）．しかし，これらの中には，倫理観や公平性への配慮などに基づく回答もあるかもしれない．もしそうであるならば，表明選好法では分析に都合のいい回答を選別して使用するとともに，倫理観や公平性などに対する人々の関心を無視している可能性がある．

　このように，表明選好法の前提の妥当性を巡っては議論がある[6]．以下では，人々が環境などのなじみのない財に対してもあらかじめ確かな選好を持つという前提が満たされない事例を示した Bateman et al.（2008）と，人々が環境問題に関しても利己的な動機のみに基づいて意思決定を行うという前提が満たされない事例を示した Spash（2006）の概要を紹介しよう．

---

[5] Nyborg（2000）は，個人が消費者選好と市民選好を持つことを仮定し，消費者選好に基づく WTP と市民選好に基づく WTP が乖離する条件を理論的に示した．詳しくは伊藤・竹内（2011）を参照されたい．

[6] 心理学の観点から CVM の回答プロセスについて検討を行った研究に Schkade and Payne（1994），Payne et al.（1999），Clark et al.（2000）などがある．

4.1.1 CVM を用いた選好の性質の検証 (Bateman et al. 2008)

　Bateman et al. (2008) は，人々の選好に関して，① 事前にしっかりと形成されていて，一段階二肢選択形式の CVM で WTP を把握することができる，② 経済理論と整合的な選好は経験を通して形成される (Plott (1996) の discovered preference hypothesis: DPH)，③ 選好は首尾一貫しているがアンカリング (最初に提示された情報の影響を受ける現象) が発生しやすいため，最初に発生したアンカリングの影響が後の意思決定まで継続する (Ariely et al. (2003) の「一貫した恣意性 (coherent arbitrariness)」) の 3 つの仮説のうちどれが妥当かを検証した．

　一般の人々にはなじみの薄い評価対象である動物福祉の改善 (家畜の生育環境の改善など) に対する WTP を調べる調査を行った．北アイルランドの選挙人名簿から無作為に選ばれた 400 人をサンプル 1 とサンプル 2 に無作為に振り分け，各サンプル 200 人に対して対面調査を実施した．サンプル 1 には，① 卵用鶏の生息環境改善，② 肉用鶏の生息環境改善 (① と似た評価対象)，③ 牛の生育環境改善 (①，② と似ていない評価対象)，④ 豚の生育環境改善 (③ と似た評価対象) の 4 つに対する WTP を調べる質問を行った．一方，サンプル 2 には，豚の生育環境改善に対する WTP を調べる質問だけを行った．

　あらかじめしっかりとした選好を持っているなら正確に WTP を表明できるはずなので，二段階二肢選択形式の CVM の 1 回目の提示額に対する回答から求められる WTP の推定値と，1 回目の提示額に対する回答と 2 回目の提示額に対する回答の両方を用いて求められる WTP の推定値は有意に異ならないはずである．しかし，いくつかの研究において，両者が有意に異なることが指摘されている (Cameron and Quiggin 1994; McFadden 1994)．一方，DPH に従えば，評価を繰り返していく中でしっかりとした選好が形成され，両者の差は小さくなっていくことが予想される．

　二段階二肢選択形式の CVM の 1 回目の提示額に対する回答 (慣れていない状態の回答) だけを使って求めた WTP である μ_{SB} と 1 回目の提示額に対する回答と 2 回目の提示額に対する回答 (慣れた状態の回答) の両方を使って求めた WTP である μ_{DB} の差を検証したところ，① グループ 1，グループ

2とも，1つ目の評価対象については，μ_{SB} と μ_{DB} が有意に異なること，② グループ1で，2つ目以降の評価対象については，μ_{SB} と μ_{DB} が有意に異ならないこと，③ 同じ評価対象でも，回答の経験を積んだグループ1の回答者は，グループ2の回答者よりも μ_{SB} と μ_{DB} の差が有意に小さいことなどが明らかとなった．これは，繰り返しにより選好が形成されると考える DPH を支持する結果である．また，1つ目の評価対象についてだけ μ_{SB} と μ_{DB} が有意に異なることは，回答者がすぐに回答に慣れることを意味している．

さらに，しっかりとした選好を持っているのであれば，表明する WTP は安定的な（外部からの情報の影響を受けない）はずである．そこで，1回目の提示額が2回目の提示額に対する回答に影響を与えるアンカリングの存在を検証した．2回目の提示額に対する回答から求められる WTP が，1回目の提示額に対する回答から求められる WTP と1回目の提示額（アンカー）の加重和になると仮定して，1回目の提示額に対する回答と2回目の提示額に対する回答の両方を使って求めた WTP に，1回目の提示額がどの程度の影響を与えているかを分析した．アンカリングが発生し，その影響が評価を繰り返しても減少しないのであれば，「一貫した恣意性」が支持される．一方，評価を繰り返していくとアンカリングの影響が減少するのであれば，繰り返しによりしっかりとした選好が形成されるという DPH が支持される．分析の結果，サンプル1，サンプル2とも，1つ目の評価対象についてはアンカリングが発生しているが，サンプル1において，1つ目の評価対象と類似した2つ目の評価対象についてはアンカリングが発生しておらず，それらと類似性が低い3つ目の評価対象については再びアンカリングが発生するものの，3つ目の評価対象と類似した4つ目の評価対象ではアンカリングが発生していないことが明らかとなった．ここから，評価対象が類似している場合には，回答に慣れてくるとアンカリングの影響を受けなくなることが明らかとなった．これは，DPH を支持する結果である．

以上の実験から人々はすぐに回答方法に慣れ，その後は首尾一貫した回答をすること，および，慣れてくるとアンカリングの影響を受けなくなることが明らかとなった．これらは，DPH を支持する結果である．この結果を受け，一段階二肢選択形式の CVM は，回答方法に慣れていないまま回答した

り，アンカリングの影響を受けたりする可能性が高いため，本番の質問の前に，回答方法や評価対象に慣れるための練習の質問を行うことを提案している．

4.1.2　CVM における利己的な動機以外の動機に基づく回答（Spash 2006）

Spash（2006）は，環境改善に対する支払いの動機を分析し，利他性や倫理観といった，利己的な動機以外の動機が存在するかを検証した．イギリスの 59 地点において層化二段無作為抽出によりサンプリングされた 713 人を対象に対面調査を行い，自由回答形式の CVM により湿原の再生に対する WTP を尋ねた．

調査では，環境に関する倫理観や，環境への意識や態度を把握するための質問も行い，それらに対する回答に因子分析を適用することで得られた結果に基づき EgoAlt（egoistic-altruistic）と SocioBio（social-biospheric）の 2 つの変数を作成した．前者は「環境保護は私や私の子供により良い世界を提供する」，「環境保護は私の健康にとって有益だ」，「きれいな環境は私によりよいレクリエーションの機会を提供する」，「環境保護はみんなにとって有益だ」，「環境保護は人々の生活の質の向上に役立つ」といった項目から構成される変数であり，利己性の強さ，および，他人だけではなく自分にも関心があるという意味で「利己的な利他主義（selfish altruism）」の強さを表す変数と考えられる．一方，後者は「我々が認識している以上に汚染による市民の健康への影響はひどい」，「ここで発生した汚染は世界中の人々にとって有害である」，「今後数十年で多くの種が絶滅する」，「自然のバランスはデリケートで壊れやすい」といった項目から構成される変数であり，社会一般に対する利他性の強さと生物・生態系への関心の強さを表すと考えられる．そして，WTP の対数値を被説明変数，因子分析をもとに作成した 2 つの変数や，その他の個人属性（年齢，性別，環境問題に関する知識，動物の権利に関する考え方など）を説明変数とする回帰分析を行った．その結果，環境保護は自分や他人の利益につながると考える人，環境問題の社会や自然への影響を深刻に捉えている人，動物の権利を認める人などは，より WTP が高い傾向があることが明らかとなった．ここから，利他性や倫理観といった，利己的な動

機以外の動機がWTPに関連していることが確認された．

5 熟議型貨幣評価（DMV）

5.1 DMVの方法

　このような表明選好法の前提に対する批判を克服できる可能性がある手法として提案されているのが，熟議型貨幣評価（DMV）である．

　政治学の分野では，「熟議民主主義（deliberative democracy）」の重要性が広く認識されている．これは，従来の多数決に基づく民主主義である「集計民主主義」とは異なり，「人々は対話や討議の中で，自らの意見や判断を変化させていく」という考えに基づき，市民による議論を通して，さまざまな意見を持った人々がお互いが納得できる結論にたどり着くことを目指すものである．熟議民主主義の実際の取り組みとしては，専門家と市民が科学技術政策について議論を行う「コンセンサス会議」や，市民が陪審員となり，専門家（証人）の意見を聞いたり，議論を行ったりして，政策提言をまとめる「市民陪審」，市民が予算編成に参加する「市民参加型予算」，そして詳しい資料の提供や専門家からの情報提供，グループ内での討論の前後でアンケートを行い意見や態度の変化を見る「討論型世論調査」などが挙げられる[7,8]．

　このような熟議のプロセスを取り入れた環境評価手法がDMVである（Spash 2007）．DMVでは，熟議民主主義と同様に，人々の選好は対話や討論の中で形成されていくと考える．そのため，回答者に十分な情報と考えるための時間，さらにほかの人との意見交換の中で自分とは異なる意見を知る機会を与え，しっかりとした選好が形成されたうえで環境の価値を評価してもらう．また，DMVでは，議論により，より市民選好に従って意思決定を行うようになるという主張がある（James and Blamey 2005; Álvarez-Farizo

---

[7] 2012年に「エネルギー・環境の選択肢に関する討論型世論調査」が実施されたことで，日本でも「討論型世論調査」に対する関心が高まっている．「エネルギー・環境の選択肢に関する討論型世論調査」の詳細については，曽根他（2013）を参照されたい．

[8] 熟議民主主義に関する取り組み事例については，ギャスティル／レヴィーン編（2013）が詳しい．

and Hanley 2006). DMVでは，人々の倫理観や公平性への関心を把握し，それらを社会的な意思決定に反映することを目的として，消費者選好ではなく市民選好に基づく意思決定を求めることもある．

DMVに分類される手法には，Macmillan et al.（2002）のマーケットストール（market stall: MS）やÁlvarez-Farizo and Hanley（2006）の評価ワークショップ（valuation workshop）をはじめとしてさまざまなバリエーションがある．これらは，運営方法の詳細は異なるが，おおむね以下の手順で行われる点は共通である．数名から十数名程度の比較的少人数が参加し，特定の環境政策について，専門家や行政担当者による情報提供を受けたり，質疑応答を行ったりした後に，その環境政策について参加者間で議論を行う．家族や友人との議論や自発的な情報収集ができるよう，数日から数週間の間隔を空けて2回の議論を行う場合もある．このようなプロセスを経て選好が形成されたうえで，環境の価値を評価してもらう．

5.2　DMVの研究動向

伊藤・竹内（2011）が指摘するように，DMVは手法そのものが体系的に確立されていないため，さまざまな取り組みが行われている状況である．これまでに行われた実証研究を研究目的に応じて整理すると，選好形成の問題に主眼を置いた研究と，市民選好の問題に主眼を置いた研究に大別できる．

選好形成の問題に主眼を置いた研究とは，十分な情報や，考え，議論するための時間を与え，選好が形成されたうえで回答してもらうことで，アノマリーやバイアスを回避し，より信頼性の高い評価結果を得ることを目的とするものであり，主な実証研究としてGregory and Wellman（2001），Macmillan et al.（2002），Kenyon and Hanley（2005），Philip and Macmillan（2005），笹尾・柘植（2005），Álvarez-Farizo and Hanley（2006），MacMillan et al.（2006），Urama and Hodge（2006），Álvarez-Farizo et al.（2007），Lienhoop and MacMillan（2007a,b），Shapansky et al.（2008），Ito et al.（2008），Robinson et al.（2008），Kenter et al.（2011），Szabó（2011）が挙げられる．この目的で実施されるDMVは，いわば，表明選好法においてより信頼性の高い評価結果を得るために熟議プロセスを取り入れるものである．表明

選好法と同様の経済理論に基づいており，表明選好法と同様に各個人が自分自身のWTPを決定することが多い[9]．すなわち，グループでの議論は，あくまで個人の意思決定を支援するためのものである．

一方，市民選好の問題に主眼を置いた研究とは，倫理観や公平性など，利己的な動機に限定されない，より広い関心を捉えるためにDMVを利用するものであり，主な実証研究としてJames and Blamey (2005)，Álvarez-Farizo and Hanley (2006)，Álvarez-Farizo et al. (2007)，Ito et al. (2009) が挙げられる．この目的で実施されるDMVでは，個人のWTPをグループで決める，すなわち集団的意思決定によりWTPを決定することが多い[10]．グループでの合意形成を重視する点で，より深く熟議民主主義の概念を取り入れていると考えることができるであろう．集団的意思決定の方法としては，参加者による合意形成のほかに多数決による決定なども用いられる．なお，この目的で実施されるDMVでは，グループでWTPが決定されるため，各個人が自分自身のWTPを決定する表明選好法とは異なる経済理論が必要であるが，現段階ではその理論的基礎づけは必ずしも明確でないと言えよう．

国内の研究事例としては，笹尾・柘植 (2005) とIto et al. (2009) が挙げられる．笹尾・柘植 (2005) は廃棄物処理施設設置計画における詳細な情報提供，質疑応答，議論などによって，市民の選好がどのように変化するかを選択実験により分析した研究である．一方，Ito et al. (2009) はDMVにおける集団的意思決定の方法として，多数決と合意形成のどちらが望ましいかを検討した研究である．以下では，これらの研究の概要を示す中で，DMVの実際の手順を紹介しよう．

5.2.1 廃棄物処理の広域化に対する市民の選好の変遷（笹尾・柘植 2005）

2003年2月に岩手大学にて「廃棄物の広域処理とそのための施設設置」に

---

[9] Gregory and Wellman (2001) では，その環境のために社会としていくら支払うべきかを表す「社会のWTP」を各個人が決定している．なお，Howarth and Wilson (2006) は，合意形成により決定される「社会のWTP」や「社会のWTA」と，個人のWTPやWTAを合計することで得られる集計値の関係を理論的に示した．

[10] James and Blamey (2005) では，グループで「社会のWTP」を決定している．

関する住民懇談会を開催した.参加者は28名(盛岡市民13名と岩手大学の事務職員および学生15名)である.

懇談会では,はじめにアンケート(アンケート1)が実施された.次いで,岩手県職員(以下,県職員)による情報提供とそれに関する質疑応答が行われ,その後に2回目のアンケート(アンケート2)が実施された.続いて参加者による議論が行われ,最後に3回目のアンケート(アンケート3)が実施された.

アンケート1では,通常の表明選好法と同様に調査票に記載された情報のみに基づいて回答してもらった.調査票では,はじめに廃棄物処理の広域化計画について簡単な説明を行い,その主なメリット・デメリットを紹介した.次に,廃棄物処理の広域化が盛岡市とその周辺地域でも行われる予定であり,いずれはその地域内のどこかに広域処理のための処理施設を設置しなければならないことを説明したうえで,その施設が盛岡市内に設置されると仮定した.以上のような設定のもとで,① どこまでの廃棄物を受入れるか,② 産業廃棄物(産廃)を一般廃棄物と併せて処理するか,③ 施設内のリサイクルをどの程度行うか,④ 住民への補償金(1回限り)がいくら必要かの4つを属性とした選択実験を行った.図5-3のような質問を参加者に提示し,最も望ましいと思うものを選択してもらった.

	設置案1	設置案2	設置案3
ごみの受入れ範囲	盛岡広域圏まで	県外含む	県内まで
産廃受入れ	なし	なし	あり
リサイクル率	60%	30%	90%
補償金	10万円	30万円	80万円

図5-3　選択実験の質問例(廃棄物広域処理のケース)
(笹尾・柘植(2005)より引用)

3回の選択実験のデータを条件付きロジットモデルにより推定した[11].ここでは,選好の変化が観察された点を取り上げて紹介しよう.

隣接2町村の廃棄物受入れをダミー変数の基準とした場合,盛岡広域圏の

---

[11] 笹尾(2011)は,同じデータを,選好の多様性を把握することが可能な混合ロジットモデルにより分析している.

第5章 表明選好法と熟議型貨幣評価

廃棄物受入れはアンケート１では有意でなかったが，アンケート２と３では有意に正に評価されるようになった．また，県内の廃棄物受入れはアンケート１では有意に負に評価されていたが，アンケート２と３では有意でなくなった．前者はアンケート２以降，盛岡広域圏までの廃棄物受入れが隣接２町村の廃棄物受入れよりも高く評価されるようになったことを，後者はアンケート２以降，県内の廃棄物受入れに対する評価と隣接２町村の廃棄物受入れに対する評価に有意な差がなくなったことを意味する．このように盛岡広域圏と県内の廃棄物受入れについては，アンケート１と２で選好が大きく変化したが，それは県職員による広域化のメリットや効果に関する情報提供とそれに対する質疑応答によって参加者が広域処理の必要性を認識したためであると考えられる．

産廃を受入れないことをダミー変数の基準とした場合，産廃の受入れは，アンケート１では有意に負に評価されていたが，アンケート２では有意に正に評価されるようになり，アンケート３では有意でなくなった．有意でないということは，産廃を受入れることに対する評価と産廃を受入れないことに対する評価に有意な差がないことを意味する．県職員による情報提供で，県の公共関与型産廃処理施設において適正に産廃が処理されていると説明されたことにより，産廃受入れに対する参加者の理解が高まったものと推測される．アンケート３で有意でなくなった理由としては，自由討論において，他県では必ずしも公共関与型の産廃処理施設の設置が進んでいないことが取り上げられたことが考えられる．

補償金は，アンケート１ではいずれの金額も有意に正に評価されたが，アンケート２と３では，30万円と80万円については有意でなくなった．議論の過程で，補償には金銭的なもの以外にも実物的なものがあることや，既存の処理施設では周辺環境に対してさまざまな配慮がなされていることが話題に上ったことが影響した可能性が考えられる．

このように，詳細な情報提供，質疑応答，議論などによって，広域処理に対する理解が深まり，産廃の受入れに対する抵抗感が緩和されるなど，住民の選好に変化が見られた．特に２回目の選択実験における選好の変化が大きいことから，詳細な情報提供と質疑応答の影響が大きかったと考えられる．

5.2.2 釧路湿原における自然再生事業に関する合意形成実験
(Ito et al. 2009)

釧路湿原では，湿原への土砂の流入が問題となっており，対策として沈砂池の設置，直線化された河川の蛇行化，森林の整備・再生などが実施されている．これらの事業に対する市民の選好を把握するために，これら3種類の事業と年間費用負担（税金）を属性とする選択実験を行った．3種類の事業の水準は，事業によって削減される湿原中心部への土砂の流入量とした．図5-4のような質問を参加者に提示し，最も望ましいと思うものを選択してもらった．

	計画1	計画2	現状の計画
沈砂池の設置	10%	12%	8%
河川の蛇行化	10%	12%	8%
森林の整備・再生	12%	10%	8%
年間費用負担(円)	1,000	2,000	0

図5-4 選択実験の質問例（自然再生事業のケース）
(Ito et al. (2009)；伊藤・竹内 (2011) より引用)

2007年9月に釧路市生涯学習センターにて実験を行った．参加者は釧路市の年齢構成，性別・年代別の就業率を考慮して選ばれた20～50代の釧路市民36名である．6名からなるグループを6つ作成し，各グループに1名の研究者を司会者として配置した．なお，参加者は自宅で回答したアンケート（アンケート0）を持参して会場に集合した．

セッション1では，参加者全員に釧路湿原で行われている自然再生事業の内容を説明し，質疑応答を行った．その後，グループごとに別々の部屋に移動し，アンケート（アンケート1）に回答してもらった．続くセッション2では，実験についての説明と質疑応答を行ったうえで，議論を行った．その後，アンケート（アンケート2）に回答してもらった．最後にセッション3では，グループとして望ましいと思う計画案を選択してもらう集団的意思決定を行った．3グループは多数決により，あとの3グループは合意形成により，それぞれグループとして採択すべきと考える事業計画を決定してもらった（前者を多数決グループ，後者を合意形成グループと呼ぶ）．多数決では，司

会者が3つの事業計画案を順に提案し，参加者は自分が望ましいと思うものが提案された際に挙手することとした．一方，合意形成では，司会者がサイコロを使って無作為に選んだ人が，自らが最も望ましいと思う事業計画を提案し，ほかの参加者から反対がなければその事業計画をグループとしての採択案とするが，ほかの参加者から反対があった場合には，反対した参加者に自らが望ましいと思う事業計画とそう考える理由を述べてもらうという手続きを参加者全員の意見が一致するまで続けることとした．なお，集団的意思決定を行う際には，参加者全員に個人的に望ましいと思う事業計画も記録してもらうこととした．

多数決グループと合意形成グループのそれぞれについて，一連の選択実験の分析を行ったところ，多数決グループではアンケート0とアンケート1では河川の蛇行化が最も好まれるが，アンケート2とアンケート3では森林の整備・再生が最も好まれること，合意形成グループでは，アンケート0からアンケート2までは森林の整備・再生が最も好まれるが，アンケート3では河川の蛇行化が最も好まれることが明らかとなった．両グループで異なる結果が得られたことの一因は，6つのグループでそれぞれ異なる内容の議論が行われたことにあると考えられる．

多数決と合意形成のどちらが個人の選好をより反映するかを明らかにするため，多数決グループと合意形成グループのそれぞれについて，それぞれの選択実験で推定されたパラメータ間の均等性を尤度比検定により検証した．その結果，いずれのグループにおいても，アンケート0とアンケート1のパラメータの均等性が棄却されることから，司会者の説明と質疑応答により参加者の選好が変化したと考えられる．一方，いずれのグループでもアンケート1とアンケート2のパラメータの均等性は棄却されないことから，グループによる議論は選好を大きく変化させなかったと考えられる．

また，いずれのグループにおいても，アンケート2とアンケート3のほうが，アンケート1とアンケート3よりもパラメータの差が小さいことから，グループにおける議論により集団的意思決定がしやすくなったと考えられる．さらに，合意形成のほうが集団的意思決定と個人的意思決定の差（アンケート1とアンケート3の差，およびアンケート2とアンケート3の差）が小さ

いことが明らかとなった．この結果より，多数決よりも合意形成のほうが個人の選好をより反映していると結論づけている．

合意形成と多数決のどちらのほうが結果に対する個人の満足度が高いかを明らかにするため，参加者に集団的意思決定で採択された結果にどの程度納得しているかを4段階で回答してもらい，この回答を変数として選択実験の分析に用いた．その結果，多数決グループでは，個人的に望ましいと考えた計画とグループで採択された計画が異なる場合には，グループのMWTPよりも個人のMWTPが大きく，その乖離が大きくなるほど，個人がグループの決定に対して感じる不満が大きくなることが明らかとなった．一方，合意形成グループでは，個人的に望ましいと考えた計画とグループで採択された計画が異なっても，個人のMWTPとグループのMWTPの乖離に起因する不満は確認されなかった．このような結果が得られた理由として，合意形成では，グループで採択されようとしている計画案が望ましくないと思う場合には反対意見を述べることができるのに対して，多数決では反対意見を述べることができないため，参加者が望ましくないと思う計画案が採択される可能性があることを指摘している．これらの結果から，多数決よりも合意形成のほうが，個人の選好を反映しやすいと結論づけている．

6 おわりに

本章では，生態系サービスの評価などで重要性が高まっている表明選好法について解説を行うとともに，表明選好法の前提に対する批判を克服する可能性がある手法として注目を集めているDMVの研究動向を紹介した．環境問題のように複雑かつ社会的な問題に関して意思決定を行うためには，熟議は有益であると考えられる．また，人々の倫理観や公平性に対する配慮などを社会的な意思決定に反映させることができれば，よりよい意思決定が可能になるかもしれない．したがって，DMVは重要な環境評価手法に発展する可能性があると考えられる．

しかし，DMVに関してはいまだ研究蓄積が少なく，効果的な実施方法や，得られた結果の信頼性，結果の活用方法などに関して未解明な点が多い．今

後，改善に向けた検討が必要な課題として，以下が挙げられるであろう．

　第1に，参加者が少人数に限定される点である．表明選好法の調査は郵便やインターネットにより実施できるため，大規模な調査が可能である．したがって，適切にサンプリングを行えば，母集団を代表する結果を得ることが可能である．これに対して，DMVは討議を円滑に運営するため，参加者が少人数に限られる．そのため，母集団を代表する結果を得ることができるとは限らない．

　第2に，実施に要するコストの問題が挙げられる．先行研究の中には，数日の期間をかけてDMVを実施しているものがあるが，そのためには高額な運営費用が必要であると考えられる．また，参加者の時間・労力の面での負担も大きいため，それだけの期間にわたって協力が得られる参加者を見つけることが容易でない場合もあるだろう．予算の制約から参加者数を少人数に限定せざるを得ない状況も考えられる．

　第3に，DMVにより得られる評価額の経済理論的な基礎づけの問題が挙げられる．表明選好法により得られた評価額は消費者選好に基づくWTPであり，経済理論的な基礎づけを持った厚生測度であるが，DMVにより得られた市民選好に基づくWTPは，表明選好法による評価額とは性質が異なると考えられる．DMVにより得られた評価額の経済学的な意義を明確にし，社会的な意思決定においてどのように利用可能であるかについて，さらなる検討が必要であろう．

　これらの課題を解決し，DMVの実用性を高めることは，環境評価分野の今後の重要な研究課題となるだろう．そのためには，政治学をはじめとした異分野の研究者との共同研究が有益であると考えられる．

【参考文献】
伊藤伸幸・竹内憲司（2011）「表明選好法の最新テクニック2――審議型貨幣評価」柘植隆宏・栗山浩一・三谷羊平編著『環境評価の最新テクニック――表明選好法・顕示選好法・実験経済学』勁草書房，pp. 54-79.
栗山浩一（1997）『公共事業と環境の価値――CVMガイドブック』築地書館.
―――（1998）『環境の価値と評価手法――CVMによる経済評価』北海道大学出

版会.
─── (2000)「コンジョイント分析」大野栄治編著『環境経済評価の実務』勁草書房, pp. 105–132.
栗山浩一・柘植隆宏・庄子康 (2013)『初心者のための環境評価入門』勁草書房.
笹尾俊明 (2011)『廃棄物処理の経済分析』勁草書房.
笹尾俊明・柘植隆宏 (2005)「廃棄物広域処理施設の設置計画における住民の選好形成に関する研究」『廃棄物学会論文誌』16 (4), pp. 256–265.
ジョン・ギャスティル, ピーター・レヴィーン編, 津富宏・井上弘貴・木村正人監訳 (2013)『熟議民主主義ハンドブック』現代人文社.
曽根泰教・柳瀬昇・上木原弘修・島田圭介 (2013)『「学ぶ, 考える, 話しあう」討論型世論調査──議論の新しい仕組み』木楽舎.
柘植隆宏・栗山浩一・庄子康 (2005a)「環境価値と環境評価手法」栗山浩一・庄子康編著『環境と観光の経済評価──国立公園の維持と管理』勁草書房, pp. 23–62.
─── (2005b)「環境評価手法としてのコンジョイント分析」栗山浩一・庄子康編著『環境と観光の経済評価──国立公園の維持と管理』勁草書房, pp. 63–94.
Álvarez-Farizo, B. and Hanley, N. (2006) "Improving the Process of Valuing Non-market Benefits: Combining Citizens' Juries with Choice Modeling," *Land Economics*, 82 (3), pp. 465–478.
Álvarez-Farizo, B., Hanley, N., Barberán, R. and Lázaro, A. (2007) "Choice Modeling at the 'Market Stall': Individual versus Collective Interest in Environmental Valuation," *Ecological Economics*, 60(4), pp. 743–751.
Ariely, D., Loewenstein, G. and Prelec, D. (2003) "'Coherent Arbitrariness': Stable Demand Curves without Stable Preferences," *Quarterly Journal of Economics*, 118 (1), pp. 73–105.
Bateman, I. J., Burgess, D., Hutchinson, W. G. and Matthews, D. I. (2008) "Learning Design Contingent Valuation (LDCV): NOAA Guidelines, Preference Learning and Coherent Arbitrariness," *Journal of Environmental Economics and Management*, 55(2), pp. 127–141.
Cameron, T. A. and Quiggin, J. (1994) "Estimation Using Contingent Valuation Data from a 'Dichotomous Choice with Follow-up' Questionnaire," *Journal of Environmental Economics and Management*, 27(3), pp. 218–234.
Ciriacy-Wantrup, S. V. (1947) "Capital Returns from Soil Conservation Practices," *Journal of Farms Economics*, 29(4 Part II), pp. 1180–1190.
Clark, J., Burgess, J. and Harrison, C. M. (2000) "'I Struggled with This Mon-

ey Business': Respondents' Perspectives on Contingent Valuation," *Ecological Economics*, 33 (1), pp. 45–62.
Cooper, P., Poe, G. L. and Bateman, I. J. (2004) "The Structure of Motivation for Contingent Values: A Case Study of Lake Water Quality," *Ecological Economics*, 50 (1), pp. 69–82.
Cox, J. C. and Grether, D. M. (1996) "The Preference Reversal Phenomenon: Response Mode, Markets and Incentives," *Economic Theory*, 7(3), pp. 381–405.
Davis, R. K. (1963) "The Value of Outdoor Recreation: An Economic Study of the Maine Woods," Ph. D. Dissertation, Harvard University.
Gregory, R. and Wellman, K. (2001) "Bringing Stakeholder Values into Environmental Policy Choices: A Community-based Estuary Case Study," *Ecological Economics*, 39 (1), pp. 37–52.
Haab, T. C. and McConnell, K. E. (2003) *Valuing Environmental and Natural Resources: The Econometrics of Non-Market Valuation*, Edward Elgar.
Hanemann, W. M. (1984) "Welfare Evaluations in Contingent Valuation Experiments with Discete Responses," *American Journal of Agricultural Economics*, 66(3), pp.332–341.
Howarth, R. B. and Wilson, M. A. (2006) "Theoretical Approach to Deliberative Valuation: Aggregation by Mutual Consent," *Land Economics*, 82 (1), pp.1–16.
Ito, N., Takeuchi, K., Kuriyama, K., Shoji, Y., Tsuge, T. and Mitani, Y. (2009) "The Influence of Decision-making Rules on Individual Preferences Ecological Restoration: Evidence from an Experimental Survey," *Ecological Economics*, 68 (8–9), pp.2426–2431.
James, R. F. and Blamey, R. K. (2005) "Deliberation and Economic Valuation: National Park Management," in Getzner, M., Stagl, S. and Spash, C. eds., *Alternatives for Environmental Valuation*, Routledge, pp. 225–243.
Kenter, J. O., Hyde, T., Christie, M. and Fazey, I. (2011) "The Importance of Dliberation in Valuing Ecosystem Services in Developing Countries: Evidence from the Solomon Islands," *Global Environmental Change*, 21 (2), pp. 505–521.
Kenyon, W. and Hanley, N. (2005) "Three Approaches to Valuing Nature: Forest Flood-plain Restoration," in Getzner, M., Spash, C. L. and Stagl, S. eds., *Alternative for Environmental Valuation*, Routledge,

pp.209–224.

Kotchen, M. J. and Reiling, S. D. (2000) "Environmental Attitudes, Motivations, and Contingent Valuation of Nonuse Values: A Case Study Involving Endangered Species," *Ecological Economics*, 32 (1), pp. 93–107.

Lancaster, K. J. (1966) "A New Approach to Consumer Theory," *The Journal of Political Economy*, 74(2), pp. 132–157.

Lienhoop, N. and MacMillan, D. C. (2007a) "Valuing Wilderness in Iceland: Estimation of WTA and WTP Using the Market Stall Approach to Contingent Valuation," *Land Use Policy*, 24 (11), pp. 289–295.

────── (2007b) "Contingent Valuation: Comparing Participant Performance in Group-based Approaches and Personal Interviews," *Environmental Values*, 16 (2), pp. 209–232.

List, J. A. (2003) "Does Market Experience Eliminate Market Anomalies?" *Quarterly Journal of Economics*, 118 (1), pp. 41–72.

Louviere, J. J., Hensher, D. A. and Swait, J. D. (2000) *Stated Choice Methods: Analysis and Applications*, Cambridge University Press.

Louviere, J. J., and Woodworth, G. (1983) "Design and Analysis of Simulated Consumer Choice or Allocation Experiments: An Approach Based on Aggregate Data," *Journal of Marketing Research*, 20 (4), pp. 350–367.

McFadden, D. (1974)"Conditional Logit Analysis of Qualitative Choice Behavior," in Zarembka , P. ed., *Frontiers of Econometrics*, Academic Press, pp. 105–142.

────── (1994) "Contingent Valuation and Social Choice," *American Journal of Agricultural Economics*, 76(4), pp. 689–708.

Macmillan, D. C., Hanley, N. and Lienhoop, N. (2006) "Contingent Valuation: Environmental Polling or Preference Engine?" *Ecological Economics*, 60 (1), pp. 299–307.

Macmillan, D. C., Philip, L., Hanley, N. and Alvarez-Farizo, B. (2002) "Valuing the Non-market Benefits of Wild Goose Conservation: A Comparison of Interview and Group-based Approaches," *Ecological Economics*, 43 (1), pp. 49–59.

Mitchell, R. C. and Carson, R. T. (1989) *Using Surveys to Value Public Goods: The Contingent Valuation Method*, Resources for the Future. (環境経済評価研究会訳（2001）『CVMによる環境質の経済評価──非市場財の価値計測』山海堂.)

Nyborg, K. (2000) "Homo Economicus and Homo Politicus: Interpretation and

第5章　表明選好法と熟議型貨幣評価

Aggregation of Environmental Values," *Journal of Economic Behavior & Organization*, 42 (3), pp. 305–322.
Payne, J. W., Bettman, J. R. and Schkade, D. A.(1999) "Measuring Constructed Preferences: Towards a Building Code," *Journal of Risk and Uncertainty*, 19 (1–3), pp. 243–270.
Philip, L. J. and MacMillan, D. C. (2005) "Exploring Values, Context and Perceptions in Contingent Valuation Studies: The CV Market Stall Technique and Willingness to Pay for Wildlife Conservation," *Journal of Environmental Planning and Management*, 48 (2), pp. 257–274.
Plott, C. R. (1996) "Rational Individual Behavior in Markets and Social Choice Processes: The Discovered Preference Hypothesis," in Arrow, K., Colombatto, E., Perleman, M. and Schmidt, C. eds., *Rational Foundations of Economic Behavior*, Macmillan, pp. 225–250.
Plott, C. R. and Zeiler, K. (2005) "The Willingness to Pay–willingness to Accept Gap, the 'Endowment Effect,' Subject Misconceptions, and Experimental Procedures for Eliciting Valuations," *American Economic Review*, 95 (3), pp. 530–545.
Robinson, J., Clouston, B., Suh, J. and Chaloupka, M. (2008) "Are Citizens' Juries a Useful Tool for Assessing Environmental Value?" *Environmental Conservation*, 35 (4), pp. 351–360.
Sagoff, M. (1988) *The Economy of the Earth: Philosophy, Law, and the Environment*, Cambridge University Press.
―――― (1998) "Aggregation and Deliberation in Valuing Environmental Public Goods: A Look beyond Contingent Pricing," *Ecological Economics*, 24(2), pp. 213–230.
Schkade, D. A. and Payne, J. W. (1994) "How People Respond to Contingent Valuation Questions: A Verbal Protocol Analysis of Willingness to Pay for an Environmental Regulation," *Journal of Environmental Economics and Management*, 26 (1), pp. 88–109.
Shapansky, B., Adamowicz, W. L. and Boxall, P. C. (2008) "Assessing Information Provision and Respondent Involvement Effects on Preferences," *Ecological Economics*, 65 (3), pp. 626–635.
Spash, C. L. (2006) "Non-economic Motivation for Contingent Values: Rights and Attitudinal Beliefs in the Willingness to Pay for Environmental Improvements," *Land Economics*, 82 (4), pp. 602–622.
―――― (2007) "Deliberative Monetary Valuation (DMV): Issues in Combining Economic and Political Processes to Value Environmental Change,"

Ecological Economics, 63 (4), pp. 690–699.

Svedsäter, H. (2003) "Economic Valuation of the Environment: How Citizens Make Sense of Contingent Valuation Questions," *Land Economics*, 79 (1), pp. 122–135.

Szabó, Z. (2011) "Reducing Protest Responses by Deliberative Monetary Valuation: Improving the Validity of Biodiversity Valuation," *Ecological Economics*, 72, pp. 37–44.

TEEB (2010) The Economics of Ecosystems and Biodiversity: Mainstreaming the Economics of Nature: A Synthesis of the Approach, Conclusions and Recommendations of TEEB.

Urama, K. C. and Hodge, I. (2006) "Participatory Environmental Education and Willingness to Pay for River Basin Management: Empirical Evidence from Nigeria," *Land Economics*, 82 (4), pp. 542–561.

Vadnjal, D. and O'Connor, M. (1994) "What is the Value of Rangitoto Island?" *Environmental Values*, 3 (4), pp. 369–380.

第6章
危険と不確実性のもとでの意思決定

林　貴志

1　はじめに

　本章の目的は，意思決定理論の基礎内容を概観し，発展的学習へと橋渡しをすることである．ただし，いわゆる「行動経済学」的な内容（選択の状況依存性，フレーミング効果など）については扱わない．

　まず最初に，2つの基本理論を紹介する．1つは，危険＝帰結上の確率分布が「客体」として与えられる状況における期待効用理論である．「客体」としての確率分布を扱っているので，これを**客観的期待効用理論**と呼ぶ．

　もう1つは，不確実性＝そのような「客体」としての確率分布が与えられていない状況における期待効用理論である．そこでは事象の起こりやすさについて意思決定者は何らかの主観的信念を持たねばならないから，これを**主観的期待効用理論**と呼ぶ．

2　客観的期待効用理論

2.1　危険態度

　危険下で我々が真っ先に思いつくであろう決定基準は帰結の期待値を比べることだが，期待値のみを基準にすると以下のような問題が生じる．

例 1．受け取りの期待値のみを考えるならば，意思決定者は例えば確実な

5,000円と確率0.5でもらえる10,000円との間では無差別である．あるいは確実な受け取りが例えば4,999円だったならば迷わず確率0.5でもらえる10,000円のほうを取る．しかしこれは現実的ではない．

例 2 （サンクトペテルスブルクの逆理）．歪みのないコインを表が出続ける限り投げ続ける．もし表が k 回出たならば 2^k 円もらえるとする．このとき，2^k 円もらう確率は表が k 回出た後で裏が出る確率なので 2^{k+1} である．よって受け取る金額の期待値は

$$\sum_{k=0}^{\infty}\frac{2^k}{2^{k+1}} = \sum_{k=0}^{\infty}\frac{1}{2} = \infty$$

である．となると受け取りの期待値のみを考慮する意思決定者はこの賭けに参加するためにいくらでも支払う用意があることになるが，これは現実的ではない．

上の例は，期待値だけでなく意思決定者の危険に対する態度が重要であることを示している．「もし期待値が同じならばより確実なほうを取る」と言うとき，そのような危険態度を危険回避的と言い，「もし期待値が同じならばより危険なほうを取る」態度を危険愛好的と言い，受け取りの期待値のみを考慮することを危険中立的と言う．

こうした危険態度を体系的かつ定量的に記述するために立てられたのが期待効用理論である．

2.2 期待効用表現：発見的構成法

危険態度を定量的に捉えるため，次のような作業を行ってみよう．説明の簡単化のため，リターンは0から100までとする．ここで，リターン0に $v(0) = 0$，リターン100に $v(100) = 1$ という数値を割り振る．

ここで，$(100; 0.5, 0; 0.5)$ という賭けを考えよう．これは，確率0.5で100，確率0.5で何もなし，という意味である．そして以下の問いを考えよう．

もし確実にもらえるならば，いくらもらうのがこの賭けをするのと同等

第 6 章　危険と不確実性のもとでの意思決定

に好ましいか？

この問いに対する答えを，賭けの**確実性同値**という．もし意思決定者が危険中立的（リターンの期待値のみを考慮に入れている）ならば，上の賭けの確実性同値は 50，ということになる．しかし，ここでは危険回避的な意思決定者を考えることにして，例えば確実性同値が 25 だということにしておこう．

この確実性同値の評価と整合的であるために，リターン 25 に数値 $v(25)$ を

$$v(25) = 0.5v(100) + 0.5v(0) = 0.5$$

のように与える．

では今度は $(100; 0.6, 0; 0.4)$ という賭けを考えたらどうだろうか？　もし意思決定者が危険中立的ならば，この賭けの確実性同値は 60 だが，やはり危険回避的な選択を考え，確実性同値が 36 だということにしておこう．この確実性同値の評価と整合的であるために，リターン 36 に数値 $v(36)$ を

$$v(36) = 0.6v(100) + 0.4v(0) = 0.6$$

のように与える．

この作業を繰り返していくと，やがて図 6–1 のようなグラフを持つ関数

$$v : [0, 100] \to [0, 1]$$

が得られる．これを**フォン・ノイマン = モルゲンシュテルン（von Neumann = Morgenstern）インデックス**（以下 vNM インデックス）と言う．

危険回避的な意思決定者の vNM インデックスは，グラフが上に凸になっている（これを凹関数と言う）．一方，もし意思決定者が危険中立的ならば，賭けの確実性同値はそのまま賭けの期待値なので，彼の vNM インデックスのグラフは直線である（図 6–1 の $(0,0)$ と $(100,1)$ を結ぶ点線部）．いったん vNM インデックスが得られると，今度はどんな賭けに対してもその確実性同値を求めることができる．例えば，$(25; 0.5, 81; 0.5)$ なる賭けの確実性同値は，$v(z) = 0.5v(25) + 0.5v(81)$ を満たすような z である．

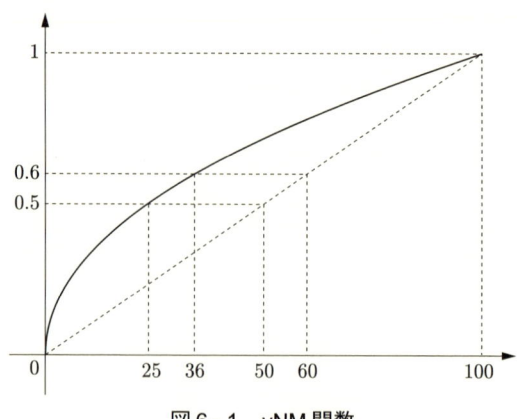

図 6-1　vNM 関数

例えば，上の数値例と整合的な vNM インデクスは $v(z) = \frac{\sqrt{z}}{10}$ である．したがって $(25; 0.5, 81; 0.5)$ の確実性同値 z は，$\frac{\sqrt{z}}{10} = \frac{0.5\sqrt{25}}{10} + \frac{0.5\sqrt{81}}{10}$ を解くことで，$z = 49$ となる．一方，リターンの期待値は 53 である．

さて，vNM インデクスが $v(z) = \frac{\sqrt{z}}{10}$ のとき，サンクトペテルブルクの賭けの確実性同値はいくらだろうか？　これは

$$\frac{\sqrt{z}}{10} = \sum_{k=0}^{\infty} \left(\frac{1}{2}\right)^{k+1} \frac{\sqrt{2^k}}{10}$$

であるが，前回と異なり右辺は

$$\sum_{k=0}^{\infty} \left(\frac{1}{2}\right)^{k+1} \frac{\sqrt{2^k}}{10} = \frac{1}{20} \sum_{k=0}^{\infty} \left(\frac{1}{\sqrt{2}}\right)^{k} = \frac{2 + \sqrt{2}}{20}$$

と有限であるから，確実性同値である $\frac{z}{10} = \frac{2+\sqrt{2}}{20} = z$ を満たす z は $z = \frac{3 + 2\sqrt{2}}{2}$ となる．よって逆理を解決できる．

2.3 危険選好の期待効用表現

帰結の集合を Z で表記する.ただし,Z はどんな集合であってもよいが,上の例を考えるなら $Z = \mathbb{R}$ や $Z = \mathbb{R}_+$ となる.

このとき,l が Z 上の**単純くじ**であるとは,正の確率を持つ帰結が有限個しかないような確率分布を言う.つまり,ある有限集合 $S(l) \subset Z$ について,各 $z \in S(l)$ に確率 $p(z) > 0$ を与え,なおかつ $\sum_{z \in S(l)} p(z) = 1$ を与えるものである.Z 上の単純くじの全体の集合を $\Delta_S(Z)$ と表記する.$\Delta_S(Z)$ 上の選好関係を $\succsim$ と表記する.これを**危険選好**と呼ぶ.

定義 1. 危険選好 $\succsim$ が期待効用表現を持つとは,ある $u: Z \to \mathbb{R}$ が存在して,任意の $l, m \in \Delta_S(Z)$ について

$$l \succsim m \iff \sum_{z \in S(l)} u(z)l(z) \geq \sum_{z \in S(l)} u(z)m(z)$$

が成り立つことを言う.

2.4 期待効用表現の公理的特徴付け

「どんな」危険選好も期待効用表現されるというわけではなく,それは一定の条件群を満たすものである.意思決定理論ではこの条件を公理の形で記述する.ここでの公理は,実証的な意味においては観察によって直接反証可能な選択の性質のことであり,規範的な意味においては選択が満たしている「べき」と考えるところの「合理性」の基準である.

期待効用理論は4つの公理によって構成される.最初の完備性は「あらゆるもの同士が比較可能である」ことを,2つ目の推移性は「選好は循環しない」ことを言う.この2つの公理の妥当性については危険選好に限らず一般の文脈においてすでに論じられているのでここでは多言しない.例えば林 (2013) を読まれたい.

完備性:あらゆる $l, m \in \Delta_S(Z)$ について,$l \succsim m$ または $m \succsim l$ が成り立つ.
推移性:あらゆる $l, m, n \in \Delta_S(Z)$ について,$l \succsim m$ かつ $m \succsim n$ ならば $l \succsim n$ である.

3つ目の混合連続性は,「選好はジャンプしない」ことを言っている.

混合連続性:あらゆる $l, m, n \in \Delta_S(Z)$ について,$\{\lambda \in [0,1] : \lambda l + (1-\lambda)m \succsim n\}$ および $\{\lambda \in [0,1] : n \succsim \lambda l + (1-\lambda)m\}$ は $[0,1]$ の閉部分集合である.

選好が「ジャンプ」するとはどういうことか.例えば,「自分は絶対に狂牛病に感染したくない.確率がゼロでない限りは感染しているのと同じだ」という危険選好を考えよう.このとき,あらゆる k について危険選好は

$$\left(安全; 1 - \frac{1}{k}, 発病; \frac{1}{k}\right) \sim (安全; 0, 発病; 1)$$

を示すが,収束先においては

$$(安全; 1, 発病; 0) \succ (安全; 0, 発病; 1)$$

となり,感染確率がゼロになった途端に「ジャンプ」している.つまり,混合連続性とは「絶対に○○は嫌だ」というような頑な姿勢ではなく,ほかのより望ましい帰結が十分大きい確率で起こるならば危険を受け容れるような姿勢を想定するものである.

最後の独立性が一番難しいかもしれない.単純くじ $l, m \in \Delta_S(Z)$ および $\lambda \in [0,1]$ について,混合くじ $\lambda l + (1-\lambda)m \in \Delta_S(Z)$ を,それぞれの $z \in S(l) \cup S(m) = S(\lambda l + (1-\lambda)m)$ について

$$(\lambda l + (1-\lambda)m)(z) = \lambda l(z) + (1-\lambda)m(z)$$

で与えるようなくじとする.解釈は下で明らかになろう.

独立性:あらゆる $l, m, n \in \Delta_S(Z)$ および $\lambda \in (0,1]$ について,

$l \succsim m$ ならば,またそのときに限って $\lambda l + (1-\lambda)n \succsim \lambda m + (1-\lambda)n$

が成り立つ.

第6章 危険と不確実性のもとでの意思決定

独立性の「インフォーマル」な解釈は次のとおりである．混合くじ $\lambda l + (1-\lambda)n$ は，「くじ l を確率 λ で受け取り，くじ n を確率 $1-\lambda$ で受け取るような『くじ』」と解釈でき，混合くじ $\lambda m + (1-\lambda)n$ は，「くじ m を確率 λ で受け取り，くじ n を確率 $1-\lambda$ で受け取るような『くじ』」と解釈できる．すると，独立性は

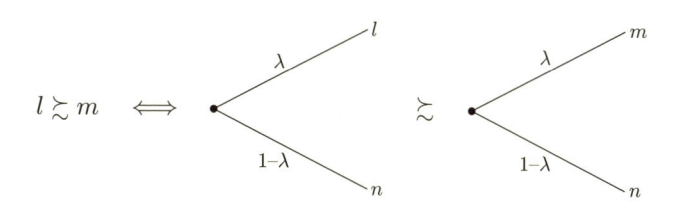

$$l \succsim m \iff \begin{matrix} \lambda \nearrow l \\ \bullet \\ 1-\lambda \searrow n \end{matrix} \succsim \begin{matrix} \lambda \nearrow m \\ \bullet \\ 1-\lambda \searrow n \end{matrix}$$

と言っているわけだが，ここでもし $l \succsim m$ でありながら $\lambda l + (1-\lambda)n \prec \lambda m + (1-\lambda)n$ である，つまり

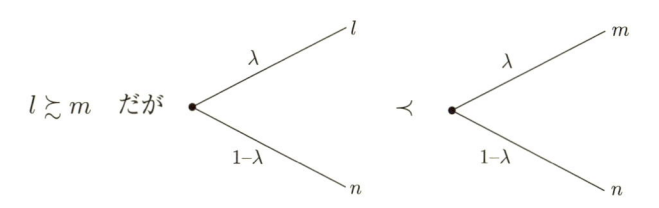

$$l \succsim m \ \text{だが} \ \begin{matrix} \lambda \nearrow l \\ \bullet \\ 1-\lambda \searrow n \end{matrix} \prec \begin{matrix} \lambda \nearrow m \\ \bullet \\ 1-\lambda \searrow n \end{matrix}$$

だとすると，この意思決定者は「くじ m を確率 λ で受け取り，くじ n を確率 $1-\lambda$ で受け取るような『2段くじ』」を選ぶにもかかわらず，いざその『2段くじ』の『1段目』の結果くじ m が得られたときには，「やっぱりくじ l が欲しい」と翻意してしまい，彼自身の事前の意図と反する結果になる．これを**動学的不整合性**という．独立性は，そのような不整合が起こらないことを求めていると解釈できる．

以上4公理によって期待効用表現を持つ危険選好が特徴付けられる．証明は例えば Mas-Colell et al. (1995) のそれを読まれたい．

定理 1. 単純くじの集合 $\Delta_S(Z)$ 上の選好 $\succsim$ について，次の2命題は同値である．

1. $\succsim$ が完備性，推移性，混合連続性，独立性を満たす．

2. ある関数 $v: Z \to \mathbb{R}$ が存在して，$\succsim$ が
$$U(l) = \sum_{z \in S(l)} v(z)l(z)$$
で与えられる関数 $U: \Delta_S(Z) \to \mathbb{R}$ によって表現される．

また，もし2つの関数 v, v' が上の表現を与えるとき，またそのときに限って，$A > 0$ なるある実数 A, B が存在して，
$$v' = Av + B$$
が成り立つ．

2.5 独立性と動学的整合性

期待効用理論の公理のうち，実証的にも規範的にも最も問題視されているのが独立性である．

例 3（Allais の逆理）．次の2つの選択問題を考える．

(A)
  A1: 確実な 3000 円
  A2: 確率 0.8 でもらえる 4500 円
(B)
  B1: 確率 0.25 でもらえる 3000 円
  B2: 確率 0.2 でもらえる 4500 円

このとき，問題 A においては A1 が，問題 B においては B2 が選ばれることがもっぱらである．だが，
$$(3000; 1) \succ (4500; 0.8, 0; 0.2)$$
$$(3000; 0.25, 0; 0.75) \prec (4500; 0.2, 0; 0.8)$$
であるなら，後者2つはそれぞれ
$$(3000; 0.25, 0; 0.75) = 0.25(3000; 1) + 0.75(0; 1)$$

$$(4500; 0.2, 0; 0.8) = 0.25(4500; 0.8, 0; 0.2) + 0.75(0; 1)$$

で与えられるので，独立性に反する．

例 4（Diamond の反例，Diamond 1967 より）．あなたは刑務所の看守であり，死刑囚 A または B のどちらか 1 人を明日処刑せねばならない．あなたは A を処刑するのも B を処刑するのも無差別だが，あなたは「公平」を期すためにコインフリップをしてどちらかを処刑するか決めたいと思っている．だが，

$$(A; 1, B; 0) \sim (A; 0, B; 1)$$

ならば独立性公理は

$$(A; 0.5, B; 0.5) \sim (A; 1, B; 0) \sim (A; 0, B; 1)$$

を導くのであり，コインフリップすることが AB どちらかを恣意的に処刑することに比べて特に望ましいということにはならない．したがって，「公平なチャンス」を与えることが特に望ましいと言うためには独立性公理はむしろ積極的に破られるべし，ということになる．

かように独立性公理は問題であるわけだが，「じゃあ，独立性を放棄するか弱めればいいじゃないか？」というと，タダそうするわけにはいかない．というのも，上で見たように独立性は危険下での選択の動学的整合性のことであり，これを放棄ないし弱めると動学的不整合に陥るからである．

2.6 多段階くじの還元と帰結主義

ここでは，動学的整合性を保ったままで独立性公理からの逸脱を認める可能性について述べる．それには，上の独立性公理の説明で「インフォーマル」と断ったことについて，なぜ「インフォーマル」なのかを考え直す必要がある．

上の「インフォーマル」な説明には 2 つの「ズル」＝隠れた仮定がある．1 つは多段階くじの還元である．つまり，

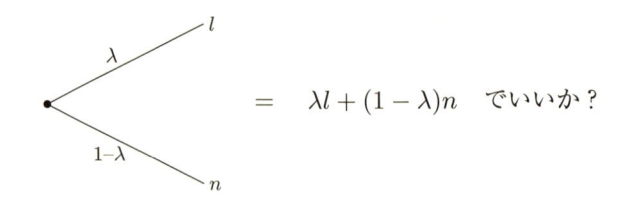

$$\bullet\!\!\begin{array}{c}{}^\lambda\nearrow l\\ {}_{1-\lambda}\searrow n\end{array} \quad = \quad \lambda l + (1-\lambda)n \quad \text{でいいか?}$$

という話である．期待効用理論においては混合くじの定義からして上の 1 つは同じものと解釈しているわけだが，これは意思決定者が「危険が解決するタイミング」に無関心であることを前提にしている．だが，例えばコインフリップを 2 回することと 4 面サイコロを 1 回振るのとでは，2 回のコインフリップが時間を置いてなされる場合には特に違ってこよう．

これを踏まえ，「くじの上のくじ」，「くじの上のくじの上のくじ」，より一般に「くじの上のくじの上のくじの……上のくじ」を「1 回きりのくじ」と違う物体として扱えば，動学的整合性を保ったままで，「時間を置いたギャンブル」において独立性公理が破られることを許容できる．これが Kreps and Porteus (1978) の再帰的期待効用理論の基本的アイデアである．

もう 1 つの隠れた仮定は，いわゆる帰結主義である．これは，

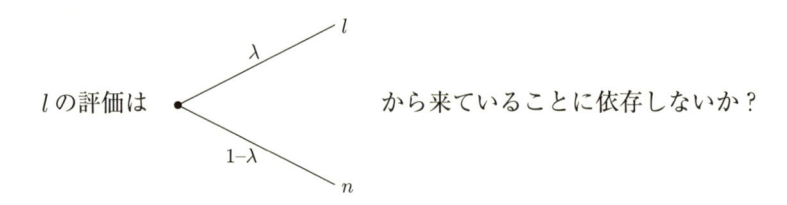

l の評価は $\bullet\!\!\begin{array}{c}{}^\lambda\nearrow l\\ {}_{1-\lambda}\searrow n\end{array}$ から来ていることに依存しないか？

ということだが，例でもって説明しよう．

例 5 （Machina の母，Machina 1989 より）．母には 2 人の子供（姉と弟）がおり，母は分割することのできない物体をそのどちらかに与えたい．母は姉に与えるのと弟に与えるのとの間で無差別である．だが，母は先の Diamond の例におけるのと同じように，「公平なチャンス」を与えるためにコインフリップをしたい（表＝姉，裏＝弟とする）．母はその旨述べたうえでコインフリップをした．そして表が出た．

そこで母は姉に物体を与えようとすると，弟曰く「お母さんはコインフ

リップをするほうが公平だと言ったでしょ．ならばいまそれをお姉さんに確率1で与えるのでなく，もう1回コインフリップしてよ」

母返して曰く，「あなたにはチャンスをあげたでしょ」

弟の言うことに従うならば，我々は動学的不整合性に陥る（さもなくば永遠にコインを投げ続ける）．一方，母親の言うことに従うならば，表が出た後で姉に確率1で与えるべきかか，再びコインフリップをすべきかの選択を，「もし裏だったら弟が物体をもらえた」ということに依存させていることになる．ここで動学的整合性を保つべく母の言うことを支持するならば，我々は帰結主義の外に出なければならないのだ．

3 主観的期待効用理論

3.1 主観的信念の同定

前章では，帰結の上の確率分布が「客体」として与えられると仮定したが，そのようなものが与えられていない状況では，事象の起こりやすさについて主観的な「信念」を持たねばならない．

そうした主観的信念は直接観察できない．神経科学の発展により，それを直接観察せんという機運があることは承知であるが，ここでは「古典的」な立場から，賭けに対する選択からそれを同定できる条件について述べたい．

ここでは2つのアプローチを紹介したい．1つは，いわゆる質的確率からスタートする方法である．例えば，

明日晴れたら 10,000 円　vs.　明日巨人が勝ったら 10,000 円

という選択問題においてもし前者を選んだならば，この意思決定者は明日晴れるほうが巨人が勝つよりも起こりやすいと信じているとわかる．このように，選択から顕わになる「起こりやすさ」の相対的な順序付けを**質的確率**と言う．

この方法の長所は，顕わになった質的確率以外の情報を用いないので「純粋」なことである．一方で短所は，不確実性が少なくとも無限パターンなけ

ればならないことである．不確実性が有限，例えば「晴れ」と「雨」のように2パターンしかない場合，「晴れ」が「雨」より起こりやすいという質的確率が顕わになったところでそれと整合的な量的確率については「晴れの確率が1/2より大きい」ということしかわからない．

　この方法が機能するには，実際問題として不確実性のパターンが連続であることが必要だ．例えば不確実性が気温についてのものと考え，

　　明日の気温が t_1 度以上なら 10,000 円　　vs.　　明日の気温が t_1 度未満なら 10,000 円

という選択問題を考えよう．ここで意思決定者が両者の間で無差別になる t_1 が見つけられれば，彼は明日の気温が t_1 度以上の確率と t_1 度未満の確率がそれぞれ 1/2 だと信じていることが顕わになる．そのうえで，

　　明日の気温が t_{21} 度以上 t_1 度未満なら 10,000 円　　vs.　　明日の気温が t_{21} 度未満なら 10,000 円

という選択問題を考えよう．ここで意思決定者が両者の間で無差別になる t_{21} が見つけられれば，彼は明日の気温が t_{21} 度以上 t_1 度未満の確率と t_{21} 度未満の確率がそれぞれ 1/4 だと信じていることが顕わになる．同様に，

　　明日の気温が t_{22} 度以上なら 10,000 円　　vs.　　明日の気温が t_1 度以上 t_{22} 度未満なら 10,000 円

という選択問題を考えよう．ここで意思決定者が両者の間で無差別になる t_{22} が見つけられれば，彼は明日の気温が t_{22} 度以上の確率と t_1 度以上 t_{22} 度未満の確率がそれぞれ 1/4 であると信じていることが顕わになる．

　これを繰り返すと，任意の n について主観的確率が $1/2^n$ であるような細分化された温度の区間が求まる．そのうえで，任意の温度の集合をこの細分化された区間の集合和によって近似してやることで，その主観的確率が求まるというわけである．例えば，温度の集合が k 個のそのような区間で近似できるとき，その主観的確率は $k/2^n$ となる．

第 6 章 危険と不確実性のもとでの意思決定

　もう 1 つの方法は，くじに対する選択から得られた危険態度の情報を借りることである．これは「不純」な方法だが，不確実性が有限でも無限でも機能する．例えば，くじに対する選択から vNM インデクス v が得られたとして，「明日晴れたら 10,000 円」と「確率 l で 10,000 円」との間で選択を考えよう．このとき，両者の間で無差別になるような l が求まれば，「何らかの」主観的期待効用理論においては晴れの主観的確率 p について

$$pv(10,000) + (1-p)v(0) = lv(10,000) + (1-l)v(0)$$

が得られ，これにより $p = l$ が得られる，というわけだ．

3.2　Savage の主観的期待効用理論

　ここでは Savage（1972）の主観的期待効用理論を紹介する．

　不確実性の理論においては，起こりうる不確実性のパターンを集合で表す．これを状態集合と呼び，Ω と表記する．例えば不確実性が天気についてならば，

$$\Omega = \{晴れ, 雨, 雪, 雹\}$$

であり，温度についてならば（絶対温度で書くと）

$$\Omega = \mathbb{R}_+$$

となる．

　この Ω は**客観的に固定されている**と考える．つまり，どれが起こりやすい（probable）かは主観的だが，そもそもどのような状態が可能（possible）であるかは客観的だとしている．だから，想定外＝考えもしなかったこと，例えば槍が降ってきたり飛行機が高層ビルに突っ込むようなことをどう取り扱うべきかという問題（unawareness）はあらかじめ回避している．

　帰結の集合を X と記す．状態集合 Ω から帰結の集合 X への関数を **Savage 行為**，あるいは単に行為と呼ぶ．特に，行為 $f : \Omega \to X$ が有限個の帰結を持つとき（つまり $|f(\Omega)|$ が有限），f を**単純な Savage 行為**と呼ぶ．単純な行為の集合を $\mathcal{F}$ と表記する．

例えば，$\Omega = \{\text{晴れ}, \text{雨}, \text{雪}, \text{雹}\}$ について「晴れなら 1,000 円，雨なら 0 円，雪なら 2,000 円，雹なら 5,000 円もらえる」という賭けは

$$f(\text{晴れ}) = 1{,}000, \quad f(\text{雨}) = 0, \quad f(\text{雪}) = 2{,}000, \quad f(\text{雹}) = 5{,}000$$

という形の行為である．あるいは，「晴れまたは雪なら 1000 円，雨または雹なら 0 円もらえる」という賭けは

$$f(\omega) = \begin{cases} 1{,}000 & \text{if } \omega \in \{\text{晴れ}, \text{雪}\} \\ 0 & \text{if } \omega \in \{\text{雨}, \text{雹}\} \end{cases}$$

という形の行為である．

選好関係 $\succsim$ は $\mathcal{F}$ の上に定義される．

このようなモデルを現実にするとすれば，現実の物理的行為が各状態においてどのような帰結を与える関数であるか記述せねばならないわけだが，主観的期待効用理論ではやはり，物理的な行為がどんな Savage 行為を与えるかはモデラーにも意思決定者にも客観的に知られていると想定している．しかし，実際には必ずしもそうでない．物理的行為の各状態における帰結の記述が主観的たりうるモデルは，Skiadas（1997）を参照されたい．

P1（弱順序）：$\succsim$ は完備かつ推移的．

P2（事象分離性）：あらゆる $E \subset \Omega$ と $f, g, h, h' \in \mathcal{F}$ について，

$$\begin{bmatrix} f(\omega) \text{ if } \omega \in E \\ h(\omega) \text{ if } \omega \notin E \end{bmatrix} \succsim \begin{bmatrix} g(\omega) \text{ if } \omega \in E \\ h(\omega) \text{ if } \omega \notin E \end{bmatrix}$$

$$\Longrightarrow \begin{bmatrix} f(\omega) \text{ if } \omega \in E \\ h'(\omega) \text{ if } \omega \notin E \end{bmatrix} \succsim \begin{bmatrix} g(\omega) \text{ if } \omega \in E \\ h'(\omega) \text{ if } \omega \notin E \end{bmatrix}$$

が成り立つ．

事象分離性は 2 つの役割を果たしている．1 つは，質的確率が「加法的」であることを保証し，それが量的確率＝加法性を満たすいわゆる確率測度に

よって与えることを可能にすることである．もう1つは，得られた主観的確率に基づいて行為をその帰結上の確率分布によって評価する際に，それが前述の客観的期待効用理論の独立性公理を満たしていることを保証するものである．

定義 2. 事象 $E \subset \Omega$ が無視できるとは，あらゆる $f, g \in \mathcal{F}$ についてもし E^c 上で $f = g$ ならば $f \sim g$ が成り立つことを言う．

P3（事象単調性）：あらゆる $x, y \in X$ と無視できない事象 $E \subset \Omega$ および行為 $g \in \mathcal{F}$ について

$$\begin{bmatrix} x & \text{if } \omega \in E \\ g(\omega) & \text{if } \omega \notin E \end{bmatrix} \succsim \begin{bmatrix} y & \text{if } \omega \in E \\ g(\omega) & \text{if } \omega \notin E \end{bmatrix}$$

$$\iff x \succsim y$$

が成り立つ．

　事象単調性は，帰結の評価が事象と独立であることを要求する．そうでないと，例えば「巨人が勝ったら 10,000 円」という賭けを「巨人が負けたら 10,000 円」という賭けよりも好んだとしても，意思決定者が巨人の勝つ確率が高いと信じたからそうしたのか単に巨人が勝つと嬉しいからそうしたのかの区別がつかないからだ．

P4（比較確度）：あらゆる $A, B \subset \Omega$ とあらゆる $x \succ x'$ および $y \succ y'$ について，

$$\begin{bmatrix} x & \text{if } \omega \in A \\ x' & \text{if } \omega \notin A \end{bmatrix} \succsim \begin{bmatrix} x & \text{if } \omega \in B \\ x' & \text{if } \omega \notin B \end{bmatrix}$$

$$\implies \begin{bmatrix} y & \text{if } \omega \in A \\ y' & \text{if } \omega \notin A \end{bmatrix} \succsim \begin{bmatrix} y & \text{if } \omega \in B \\ y' & \text{if } \omega \notin B \end{bmatrix}$$

が成り立つ.

P4により, 質的確率 $\succsim^l$ が定義できる.

定義 3. 事象 $A, B \subset \Omega$ について $A \succsim^l B$ であるとは, ある $x \succ x'$ について

$$\begin{bmatrix} x & \text{if } \omega \in A \\ x' & \text{if } \omega \notin A \end{bmatrix} \succsim \begin{bmatrix} x & \text{if } \omega \in B \\ x' & \text{if } \omega \notin B \end{bmatrix}$$

が成り立つことを言う.

次の公理の意味は明らかだろう.

P5（非自明性）：少なくともある2つの帰結 $x, y \in X$ について $x \succ y$ が成り立つ.

最後の公理は, 前述のように不確実性のパターンが実質上連続無限にあることを言っている. つまり, 状態集合を限りなく小さく細切れにしていくことができることを要求している.

P6（小事象連続性）：あらゆる $f \succ g$ と $x \in X$ について, Ω のある分割 $\{E_k\}_{k=1}^n$ が存在して, あらゆる $k = 1, \cdots, n$ について

$$f \succ \begin{bmatrix} x & \text{if } \omega \in E_k \\ g(\omega) & \text{if } \omega \notin E_k \end{bmatrix}$$

および

$$\begin{bmatrix} x & \text{if } \omega \in E_k \\ f(\omega) & \text{if } \omega \notin E_k \end{bmatrix} \succ g$$

が成り立つ.

定義 4. Ω 上の有限加法的確率測度 p が凸値域を持つとは, あらゆる事象 E および数 $0 < \alpha < 1$ について, もし $p(E) > 0$ ならば, ある事象 $\exists E^* \subset E$ が存在して $p(E^*) = \alpha p(E)$ となることを言う.

第6章 危険と不確実性のもとでの意思決定

定理 2. 以下の2つは同値である.
(a) $\succsim$ は P1〜6 を満たす.
(b) Ω 上の凸値域を持つ有限加法的確率測度 p および非一定な関数 $u: X \to \mathbb{R}$ が存在して, $\succsim$ は

$$U(f) = \sum_{x \in f(\Omega)} u(x)\, p(f^{-1}(x))$$

の形式を持つ関数 $U: \mathcal{F} \to \mathbb{R}$ によって表現される.

加えて, もし (q, v) が同じ選好のそのような表現を与えるならば, $p = q$ かつある正の定数 $a > 0$ と定数 b が存在して, $v = au + b$ が成り立つ.

証明の概略は以下のとおりである. 全証明を追いたい読者は, 例えば Fishburn (1970) を読まれたい.

ステップ1: 質的確率 $\succsim^l$ が, 以下の性質を満たすことを示す.

F1: あらゆる $A \subset \Omega$ について $A \succsim^l \emptyset$ である.
F2: $\Omega \succ^l \emptyset$
F3: $\succsim^l$ は完備かつ推移的である.
F4: もし $A \cap C = B \cap C = \emptyset$ ならば, $A \succsim^l B \iff A \cup C \succsim^l B \cup C$ である.

加えて, P6 (小事象連続性) より以下が成り立つ.

> Ω は任意の n について, 互いに主観的に同等に確からしい 2^n 個の事象 $\mathcal{E}^n = \{E_i^n\}_{i=1}^{2^n}$ に分割され, なおかつあらゆる n と $k = 1, \cdots, 2^n$ について E_k^n は互いに主観的に同等に確からしい $E_{2k-1}^{n+1}, E_{2k}^{n+1} \in \mathcal{E}^{n+1}$ に分割される.

ステップ2: $p: 2^\Omega \to [0, 1]$ を次のように定義する. まず, $A \sim^l \Omega$ のときは $p(A) = 1$ とする. $A \prec^l \Omega$ のときは, まず

$$\underline{k}(A, n) = \max\left\{k : k \leq 2^n,\ E_1^n, \cdots, E_k^n \in \mathcal{E}^n,\ \bigcup_{i=1}^{k} E_i^n \precsim^l A\right\}$$

を定義する．

このとき，上を成り立たせる $\underline{k}(A,n)$ 個の集合 $E_1^n, \cdots, E_k^n \in \mathcal{E}^n$ はそれぞれ 2 つずつ主観的に同等に確からしい集合に分割され，それらは $\mathcal{E}^{n+1} = \{E_i^n\}_{i=1}^{2^{n+1}}$ の要素となるので，$\underline{k}(A, n+1) \geqq 2\underline{k}(A,n)$ となる．

よって $\left\{\frac{\underline{k}(A,n)}{2^n}\right\}$ は上に有界な非減少数列なので極限を持つ．

同様に，
$$\overline{k}(A,n) = \min\left\{k : k \leq 2^n,\ E_1^n, \cdots, E_k^n \in \mathcal{E}^n,\ \bigcup_{i=1}^{k} E_i^n \succsim^l A\right\}$$

を定義する．

このとき，上を成り立たせる $\overline{k}(A,n)$ 個の集合 $E_1^n, \cdots, E_k^n \in \mathcal{E}^n$ をそれぞれ 2 つずつ主観的に同等に確からしい集合に分割して $E_1^{n+1}, \cdots, E_{2k}^{n+1}$ を得ると $\bigcup_{i=1}^{2k} E_i^{n+1} \sim^l \bigcup_{i=1}^{k} E_i^n \succsim^l A$ となるので，最小の定義より $\overline{k}(A, n+1) \leqq 2\overline{k}(A,n)$ となる．

よって $\left\{\frac{\overline{k}(A,n)}{2^n}\right\}$ は下に有界な非増加数列なので極限を持つ．

このとき，あらゆる n について $0 \leqq \overline{k}(A,n) - \underline{k}(A,n) \leqq 1$ なので，$\lim_{n\to\infty} \frac{\underline{k}(A,n)}{2^n} = \lim_{n\to\infty} \frac{\overline{k}(A,n)}{2^n}$ である．

これによって
$$p(A) = \lim_{n\to\infty} \frac{\underline{k}(A,n)}{2^n} = \lim_{n\to\infty} \frac{\overline{k}(A,n)}{2^n}$$

を与える．

ステップ 3：上で得られた Ω 上の確率測度 p および単純な f について，X 上の単純くじ $\Psi_{p,f}$ を
$$\Psi_{p,f}(Y) = p(f^{-1}(Y)),\ Y \subset X$$

によって定義する．このとき，

補題 1．あらゆる単純な f, g について，$\Psi_{p,f} = \Psi_{p,g}$ ならば $f \sim g$ である．

ステップ4：$\Delta_S(X)$ 上の2項関係 $\succsim^*$ を

$$l \succsim^* m \iff l = \Psi_{p,f},\ m = \Psi_{p,g}\ \text{となる}\ f,g\ \text{について}\ f \succsim g$$

によって定義する．最終ステップは次の補題を示すことである．

補題 2. $\succsim^*$ は von Neumann = Morgenstern の期待効用理論の公理を満たす．

3.3 Anscombe = Aumann の主観的期待効用理論

ここでは Anscombe and Aumann (1963) による主観的期待効用理論を紹介する．

先と同じく，状態集合を Ω と記し，帰結の集合を X と記す．このとき，状態集合 Ω から単純くじの集合 $\Delta_S(X)$ への関数を **Anscombe = Aumann 行為**と呼ぶ．特に，行為 $f : \Omega \to \Delta_S(X)$ が有限個の帰結を持つとき（つまり $|f(\Omega)|$ が有限），f を単純な **AA 行為**と呼び，単純な AA 行為の集合 $\mathcal{H}$ と記す．状態集合 Ω を同じくするとき，$\mathcal{F} \subset \mathcal{H}$ であることに注意せられたい．つまり，ここでは帰結の集合がより「豊か」になっているので，より大きな選択対象の集合を扱っているのだ．選好関係 $\succsim$ は $\mathcal{H}$ の上に定義される．

Anscombe = Aumann の主観的期待効用理論は以下の4公理によって特徴づけられる．解釈はおおむね von Neumann = Morgenstern の客観的期待効用理論のそれに相似的だが，3つ目の単調性が帰結の評価の状態からの独立を保証していることのみ注記しておく．

公理 1（弱順序）．$\succsim$ は完備性と推移性を満たす．

公理 2（混合連続性）．あらゆる $f, g, h \in \mathcal{H}$ について，

$$\{\alpha \in [0,1] : \alpha f + (1-\alpha)g \succsim h\}$$

および

$$\{\alpha \in [0,1] : h \succsim \alpha f + (1-\alpha)g\}$$

は，$[0,1]$ の閉部分集合である．

公理 3（単調性）．あらゆる $f, g \in \mathcal{H}$ について，もしすべての $\omega \in \Omega$ について $f(\omega) \succsim g(\omega)$ であるならば，$f \succsim g$ である．

公理 4（独立性）．あらゆる $f, g, h \in \mathcal{H}$ および $\lambda \in (0, 1]$ について，

$$f \succsim g \iff \lambda f + (1 - \lambda)h \succsim \lambda g + (1 - \lambda)h$$

が成り立つ．

定理 3．次の 2 命題は同値である．
(a) $\succsim$ が弱順序，混合連続性，単調性，独立性を満たす．
(b) ある関数 $v : X \to \mathbf{R}$ と Ω 上の有限加法的確率測度 p とが存在して，選好 $\succsim$ が

$$U(h) = \sum_{l \in h(\Omega)} \sum_{x \in S(l)} v(x) l(x) \, p(f^{-1}(l))$$

$$= \sum_{l \in h(\Omega)} u(l) \, p(f^{-1}(l))$$

の形式で表現される．
加えて，u は正のアフィン変換について一意で，p は一意である．

リマーク 1．単純な Savage 行為の集合 $\mathcal{F} \subset \mathcal{H}$ においては上の表現は

$$U(f) = \sum_{x \in f(\Omega)} v(x) \, p(f^{-1}(x))$$

に還元される．

ステップ 1：$\succsim$ は単純くじの集合 $\Delta_S(Z)$ 上で客観的期待効用理論の公理を満たすので，

$$u(l) = \sum_{k=1}^{n} v(x_k) l_k$$

の形式で表現される．

ステップ2：任意の $h \in \mathcal{H}$ について，$U(h)$ を $f \sim l$ となる $l \in \Delta_S(Z)$

$$U(h) = u(l)$$

と定義する．

ステップ3：$\mathcal{U} = \{u \circ h : h \in \mathcal{H}\}$ とする．このとき，関数 $I : \mathcal{U} \to \mathbb{R}$ をあらゆる $h \in H$ について

$$I(u \circ h) = U(h)$$

と定義する．これが well-defined であること，つまり $u \circ h = u \circ g$ ならば $I(u \circ h) = I(u \circ g)$ であることは単調性より従う．

ステップ4：あらゆる $h, h' \in \mathcal{H}$ について，$h \sim l$ および $h' \sim l'$ となる $l, l' \in \Delta_S(Z)$ を取ると，独立性より

$$\lambda h + (1-\lambda)h' \sim \lambda l + (1-\lambda)l'$$

したがって，

$$\begin{aligned}
U(\lambda h + (1-\lambda)h') &= u(\lambda l + (1-\lambda)l') \\
&= \lambda u(l) + (1-\lambda)u(l') \\
&= \lambda U(h) + (1-\lambda)U(h')
\end{aligned}$$

よって，あらゆる $v, v' \in \mathcal{U}$ および $\lambda \in (0, 1]$ について，それに相当する $v = u \circ h, v' = u \circ h'$ を取ってやることによって

$$I(\lambda v + (1-\lambda)v') = \lambda I(v) + (1-\lambda)I(v')$$

が示される．

この性質を用いると，I を $\mathbb{R}^\Omega$ 全体で定義される関数に拡張でき，$I : \mathbb{R}^\Omega \to \mathbb{R}$ が任意の $v, v' \in \mathbb{R}$ と $a, b \geqq 0$ について

$$I(av + bv') = aI(v) + bI(v')$$

ステップ 5：集合関数 $p : 2^\Omega \to [0,1]$ を

$$p(E) = I(\mathbf{1}_E)$$

と定義すると，$p(\emptyset) = 0$ と $p(\Omega) = 1$ を満たす．

このとき，$D \cap E = \emptyset$ となる任意の D, E について，加法性より

$$\begin{aligned}
p(D \cup E) &= I(\mathbf{1}_{D \cup E}) \\
&= I(\mathbf{1}_D + \mathbf{1}_E) \\
&= I(\mathbf{1}_D) + I(\mathbf{1}_E) \\
&= p(D) + p(E)
\end{aligned}$$

が成り立ち，これを繰り返せば p の有限加法性が得られる．

ここで，任意の $n \geqq 1$ と $a_1, a_2, \cdots, a_n \geq 0$ と Ω の分割 $E_1, E_2, \cdots, E_n$ についてベクトル $a = \sum_{k=1}^{n} a_k \mathbf{1}_{E_k}$ を考えると，加法性より

$$\begin{aligned}
I(a) &= I\left(\sum_{k=1}^{n} a_k \mathbf{1}_{E_k}\right) \\
&= \sum_{k=1}^{n} a_k I(\mathbf{1}_{E_k}) \\
&= \sum_{k=1}^{n} a_k p(E_k)
\end{aligned}$$

が成り立つ．また，一般の $a_1, a_2, \cdots, a_n$ については，$a_1 + b, a_2 + b, \cdots, a_n + b \geq 0$ となるように $b \geq 0$ を取ってやれば同様に従う．

4 信念の曖昧さ

4.1 Ellsbergの逆理

例 6（Ellsbergの逆理，Ellsberg 1961 より）．箱のなかに 90 個のボールが入っており，それらは赤か緑か青．赤が 30 個ということは分かっているが，緑と青については不明である．このとき

	R	G	B
f_1	100	0	0
f_2	0	100	0
f_3	100	0	100
f_4	0	100	100

という4つの賭けを考える．

ここで多くの被検者は f_1 と f_2 との間では f_1 を選び，f_3 と f_4 との間では f_4 を選ぶ．これは事象分離性の直接な違反だが，主観的確率でそれを述べると，1番目の選択から

$$p(R) > p(G)$$

が顕わになるのに対し，2番目の選択からは

$$p(R \cup B) < p(G \cup B)$$

が顕わになる．だが前者は確率の加法性より

$$p(R \cup B) > p(G \cup B)$$

を導くので後者に矛盾する，ということになる．

というわけで，人間の主観的信念は一意の確率測度の形で記述できない，ということが問題にされるようになった．ここでは手短に3つの理論を紹介しよう．

4.2 非加法的主観的期待効用理論

Schmeidler (1989) の非加法的主観的期待効用理論は，p を加法性

$$A \cap B = \emptyset \text{ ならば } p(A \cup B) = p(A) + p(B)$$

を満たすとは限らないという形で一般化する．そこでは，行為 f を

$$u(x_1) \geq u(x_2) \geq \cdots \geq u(x_n)$$

であるよう

$$f = (x_1; E_1, x_2; E_2, \cdots, x_n; E_n)$$

のように書きなおして，

$$U(f) = \sum_{k=1}^{n} u(x_k) \left[p\left(\bigcup_{j=1}^{k} E_j\right) - p\left(\bigcup_{j=1}^{k-1} E_j\right) \right]$$

の形で評価する（Choquet 積分という）．

例えば

$$p(R) = p(R \cup G) = p(R \cup B) = 1/3$$
$$p(G) = p(B) = 0, p(G \cup B) = 2/3$$
$$p(R \cup G \cup B) = 1$$

とすれば，

$$U(100; R, 0; G \cup B)$$
$$= u(100)(p(R) - p(\emptyset)) + u(0)(p(R \cup G \cup B)) - p(R))$$
$$= \frac{1}{3} u(100) + \frac{2}{3} u(0)$$
$$U(100; G, 0; R \cup B)$$
$$= u(100)(p(G) - p(\emptyset)) + u(0)(p(R \cup G \cup B)) - p(G))$$
$$= u(0)$$

$$U(100; R \cup B, 0; G)$$
$$= u(100)(p(R \cup B) - p(\emptyset)) + u(0)(p(R \cup G \cup B)) - p(R \cup B))$$
$$= \frac{1}{3}u(100) + \frac{2}{3}u(0)$$
$$U(100; G \cup B, 0; R)$$
$$= u(100)(p(G \cup B) - p(\emptyset)) + u(0)(p(R \cup G \cup B)) - p(G \cup B))$$
$$= \frac{2}{3}u(100) + \frac{1}{3}u(0)$$

となり，Ellsberg の逆理が説明できる．ここでカギなのは，G と B とは単体では低い確率しか与えられないが，G または B は $2/3$ であることがたしかにわかっておりそれぞれの確率の和よりも大きい，つまり G と B との間には相補性が働いている，ということである．非加法的主観的期待効用理論はそのような事象間の相補性を許容する理論と言うことができる．

4.3　multiple-priors 主観的期待効用

2つ目の Gilboa and Schmeidler (1989) の multiple-priors 主観的期待効用は，一意の確率測度ではなく確率測度の集合 P を考え（簡単化のため状態集合は有限とする），行為 f を

$$U(f) = \min_{p \in P} \sum_{\omega \in \Omega} u(f(\omega))\, p(\omega)$$

の形で評価する．つまり，多様な信念を集合として許容し，行為を評価するにあたってはそれにとっての最悪のケースを考える，ということである．

例えば
$$P = \{(p_R, p_G, p_B) : p_R = 1/3, p_G + p_B = 2/3\}$$

ならば
$$U(100; R, 0; G \cup B) = \frac{1}{3}u(100) + \frac{2}{3}u(0)$$

$$U(100; G, 0; R \cup B) = u(0)$$
$$U(100; R \cup B, 0; G) = \frac{1}{3}u(100) + \frac{2}{3}u(0)$$
$$U(100; G \cup B, 0; R) = \frac{2}{3}u(100) + \frac{1}{3}u(0)$$

となり，Ellsberg の逆理が説明できる．

4.4　2階の信念と曖昧さ回避

別の考え方として，「確率がわからないなら，確率分布の集合上の主観的確率分布を考えて，そこにもう1回危険回避を噛ませてやればよいではないか？」というものがある．ここで，状態集合 Ω 上の確率分布の集合 $\Delta(\Omega)$ の上の主観的確率分布を μ と表記する．このとき，「もし Ω 上の確率分布が p だったならば」行為 f の期待効用評価は

$$U(f, p) = \sum_{\omega \in \Omega} u(f(\omega)) p(\omega)$$

だと考え，p を不確実性と捉えたうえで，これに対する危険回避を表す $\emptyset$ によって期待効用形式

$$V(f) = \int_{\Delta(\Omega)} \emptyset\left(U(f, p)\right) \mu(dp)$$

を考えるのが，きわめて自然な考え方ではある．

この方法の困難は，「確率の集合上の賭け」というのは物理的に存在しえないことである．通常の事象に対する賭けは，例えば「明日晴れたら 10,000円」のように，事が済んだ後で実際に晴れたかどうかを確かめられる．一方「確率の集合上の賭け」は，例えば「明日晴れの確率が 0.7 以上」のように，実際に事が済んだ後でも「確率が 0.7 以上であったか」を確かめることはできないのである．

Klibanoff et al. (2005) は，「まあとりあえずそういう賭けが存在すると考えて話を進めてみようじゃないか」という立場で書かれたものである．姑

息といえば姑息ではあるが，上のような考え方が成立するために必要十分であることを明確にしている．

5 情報と信念

主観的期待効用理論

$$U(f) = \sum_{x \in f(\Omega)} u(x)\, p(f^{-1}(x))$$

あるいは有限の状態集合に話を絞って

$$U(f) = \sum_{\omega \in \Omega} u(f(\omega))\, p(\omega)$$

においては p は何でもよかった，と言うと奇異に聞こえるかもしれないが，そうである．主観的期待効用表現定理は，選好が前述の公理系を満たしているならばある主観的確率測度が存在することしか言っておらず，その主観的信念が一体どういうものであるかについては何も言っていない．では，主観的信念と何らかの意味で客観的情報とはどういう関係にあるのだろうか？

同様に，multiple-priors 主観的期待効用

$$U(f) = \min_{p \in P} \sum_{\omega \in \Omega} u(f(\omega))\, p(\omega)$$

においても P は何でもよい．Gilboa = Schmeidler の定理は，選好が前述の公理系を満たしているならばある主観的確率測度の集合 P が存在することしか言っておらず，それが一体どういうものであるかについては何も言っていない．またそのため，P がより大きいとき，つまり最悪のケースを取る幅が大きいとき，それが客観的情報の曖昧さによるものなのかこの意思決定者がより自信がなく悲観的だからなのか，識別できない．両者はどのようにしたら識別できるのか？

情報と信念との関数的関係，および情報の不正確さと信念の曖昧さとの関数的関係を明らかにするには，「客観的だが不正確な情報」を「客体」として

導入する必要がある．ここでは，Gajdos, Hayashi, Tallon and Vergnaud (2008)（以下 GHTV）の議論を紹介する．これは客体としての情報を選好の対象に含むことで，情報の不正確さに対する態度を明示的に取り扱うものである．

情報は，状態集合 Ω 上の確率分布の集合 $\Delta(\Omega)$ の部分集合 $P \subset \Delta(\Omega)$ の形で与えられる．つまり，「状態上の本当の確率分布は P に属していることはわかっているが，P の中のどれが本当か，どれがより確からしいのかも一切わかっていない」という形の情報が与えられる．これを確率可能性集合と呼ぼう．

一方，行為の記述は Anscombe = Aumann のそれを採用する．このとき，選好関係 $(P,f) \succsim (Q,g)$ が成り立つとは，「情報 P のもとで f を行う」ほうが「情報 Q のもとで g を行う」以上に好ましいことを意味する．

次の例を考えよう．

例 7．次の 2 択を考えよ

　　A：赤青の割合が全くわかっていない箱で，赤が出たら 10,000 円
　　B：全部青だとわかっている箱で，赤が出たら 10,000 円

このとき，たいていの人は A を選ぶわけで，とすれば確率可能性集合全体で最悪のケースを取る $U(P,f) = \min_{p \in P} \sum_{\omega \in \Omega} u(f(\omega))\, p(\omega)$ だと悲観的すぎる．では，いわゆる α-マキシミン基準

$$U(P,f) = (1-\alpha) \max_{p \in P} \sum_{\omega \in \Omega} u(f(\omega))\, p(\omega) + \alpha \min_{p \in P} \sum_{\omega \in \Omega} u(f(\omega))\, p(\omega)$$

ならどうか？　ここで $\alpha < 1$ とすれば上の問題は回避できる．

だが，α-マキシミン基準には次のような問題がある．

例 8．次の 2 択を考えよ

　　A：赤青緑の割合が全くわかっていない箱で，赤が出たら 10,000 円
　　B：赤青のみで緑がないとわかっている箱で，赤が出たら 10,000 円

このとき，α-マキシミン基準に従うならば意思決定者は AB の間で無差別

第6章　危険と不確実性のもとでの意思決定

である．だが，実験ではBの選択のほうが有意に多く観測される（Hayashi and Wada 2010 を参照）つまり，全体の中でただ最悪と最善だけを取るのではなく，もっと信念の「絞り込み」を行っているであろうと考えられる．

GHTV のモデルは次のとおりである．確率可能性集合 P が与えられたとき，$s(P)$ をその「中心」とする．この「中心」が正確にどういうものかは後述する．そして，P をその「中心」$s(P)$ へと

$$\varphi(P) = (1-\alpha)\{s(P)\} + \alpha P$$

のように収縮させる．ここで α は意思決定者の**不正確さ回避度**を表す定数である．

この $\varphi(P)$ が，客観的だが一般に不正確な情報 P が与えられたときの主観的信念を表す集合である．そして，情報と行為の組み合わせ (P, f) は

$$U(P, f) = \min_{p \in \varphi(P)} \sum_{\omega \in \Omega} u(f(\omega))p(\omega)$$

で評価される．
このとき，$\alpha = 0$ ならば

$$U(P, f) = \sum_{\omega \in \Omega} u(f(\omega))s(P)(\omega)$$

であり，意思決定者は $s(P)$ を一意の確率的信念として用いる．また，$\alpha = 1$ ならば

$$U(P, f) = \min_{p \in P} \sum_{\omega \in \Omega} u(f(\omega))p(\omega)$$

であり，一切絞り込みを行わずに与えられた P の中で最悪のケースを考える．

このように，客観的情報 P と主観的信念 $\varphi(P)$ との間を関係づけることができる．なおかつ，情報がより不正確であることと（P が広いこと）と意思決定者がより悲観的であること（α が大きいこと）とを区別できる．

157

では，この $s(P)$ は何か？ GHTV で得られる $s(P)$ は数学的にはスタイナー点と呼ばれ，V を $\mathbb{R}^{|\Omega|}$ における $|\Omega|-1$ 次元単位球面としたうえで

$$s(P) = \int_V \arg\max_{p \in P} \langle v, p \rangle dv$$

で定義される．

つまりまず，「正しい信念を与える方向」$v \in V$ が与えられたとき，その方向に位置する P の端点を取る．ただし，「正しい方向」は未知なので，V 上の一様確率分布について積分を取って「平均」を求めるということである．なお，一般に所与の v に対応する P の端点は一意でないが，一様分布で積分を取ると「平均」は一意に定まる．

より簡単に P が多面体のケースを考えると，そのスタイナー点は各頂点にその外角に比例する重みを与えた加重平均である．

GHTV はこのモデルの選好レベルでの公理化を与えている．概略は，

1. 各 P のもとでの行為に対する選好

$$(P, f) \succsim (P, g)$$

に multiple-priors 主観的期待効用理論を適用し，帰結に対する選好は情報 P に依存しないという公理を課したうえで

$$U(P, f) = \min_{p \in \varphi(P)} \sum_{\omega \in \Omega} u(f(\omega)) p(\omega)$$

を得る．

2. 情報に対する単調性 =「P に属するあらゆる確率分布について f が g 以上に好ましいならば，P においてもそうである」

$$(\{p\}, f) \succsim (\{p\}, g) \quad \forall p \in P \implies (P, f) \succsim (P, g)$$

という公理を課すことで，$\varphi(P) \subset P$ を得る．

3. 情報に対する混合独立性，等方性（対称性），連続性を課すことによって，φ が線形加法性と等方性と連続性を満たすことが示され，

第6章 危険と不確実性のもとでの意思決定

$$\varphi(P) = (1-\alpha)\{s(P)\} + \alpha P$$

が得られる．

6 信念の改訂

6.1 ベイズ改訂と動学的整合性

例 9．箱の中に赤が 30 個，青が 50 個，緑が 20 個入っている．さて，この箱からボールを引いたとき，緑でないことは知らされた．このとき赤の確率は？

ベイズ公式によると「正しい」条件付き確率は

$$p(R|R \cup B) = \frac{p(R)}{p(R \cup B)} = \frac{3}{8} = 0.375$$

だが，そうでないとしたらどうなるだろうか？

例えば $p(R|R \cup B) = 0.4$ だとしよう．このとき，

A：赤が出たら 10,000 円
B：青が出たら 6,500 円

という選択を考える．簡単化のために危険中立（あるいは危険態度に調整済み）を仮定すると，ボールを引く前は A の期待効用は $10,000 \times 0.3 = 3,000$ で B のそれは $6,500 \times 0.5 = 3,250$ なので B が望ましい．一方，ボールを引いてそれが緑でないと知った後では A の条件付き期待効用は $10,000 \times 0.4 = 4,000$ で，B の条件付き期待効用 $6,500 \times 0.6 = 3,900$ より高いので A のほうが望ましくなる．ということで，引いたボールが緑であるか否かという「本来」は「赤か青か」に関係ない情報によって賭けに対する選好が逆転してしまう**動学的不整合性**が起こってしまう．

例 10．臨床検査における偽陽性確率の主観的推定は，ベイズルールからの逸脱としてよく知られている．

10,000 人に 1 人の確率でかかる病気がある．この病気を診断する検査方

法があるが，この検査はもし本当に病気ならばそれに陽性反応を示す確率は90％，一方で本当は病気でないにもかかわらず陽性反応を示す（偽陽性）の確率が5％ある．このとき，もし検査を受けて陽性だったとして，実際に病気である「本当の」確率はベイズルールにより

$$P(病気 | 陽性) = \frac{P(病気かつ陽性)}{P(陽性)}$$
$$= \frac{P(病気)P(陽性|病気)}{P(病気)P(陽性|病気) + P(非病気)P(陽性|非病気)}$$
$$= \frac{0.0001 \times 0.9}{0.0001 \times 0.9 + 0.9999 \times 0.05}$$
$$\approx 0.0018$$

であるが，数学を使わずに直観だけで答えさせると，90％といったような答えを出すのが通例である．

以下では，Ghirardato (2002) に従い，動学的整合性とベイズ改訂の関係を見てみよう．まず，帰結主義のもとでは，動学的整合性と事象分離性は同値であることが示される．

ここで，事前の選好を $\succsim$ と表記し，事象 E が明らかになった後での条件付き選好を $\succsim_E$ と表記する．このとき，帰結主義とは「E が明らかになった後での条件付き選好は『E でなかったら何が得られたか』ということに依存しない」ことを意味する．つまり，任意の行為 f, h, h' について

$$fEh \sim_E fEh'$$

が成り立つことを言う．

また，動学的整合性は「E 上においてのみ帰結が異なる賭けの間の選好は，E が明らかになる前後において変わらない」ことを意味する．つまり，任意の行為 f, g について

$$fEh \succsim_E gEh \iff fEh \succsim gEh$$

が成り立つことを言う．

このとき，帰結主義と動学的整合性から，任意の行為 f, g, h, h' について

$$fEh \succsim gEh \iff fEh \succsim_E gEh$$
$$\iff fEh' \succsim_E gEh'$$
$$\iff fEh' \succsim gEh'$$

が得られ，事前の選好が事象分離性を満たすことがわかる．逆も同様である．

以上の結果を用いることにより，次の結果が得られる．

定理 4. 以下の2命題は同値である．：
(i) $\succsim$ が Savage の P1〜P6, $\succsim$ と $\{\succsim_E\}$ が帰結主義と動学的整合性を満たす．
(ii) 関数 u，確率測度 p および確率測度の系列 $\{p_E\}$ が存在して，$\succsim$ が

$$U(f) = \sum_{x \in f(\Omega)} v(x)\, p(f^{-1}(x))$$

の形式で表現され，あらゆる E について $\succsim_E$ が

$$U(f) = \sum_{x \in f(\Omega)} v(x)\, p_E(f^{-1}(x))$$

の形式で表現され，p_E はベイズ改訂

$$p_E(A) = \frac{p(E \cap A)}{p(E)}$$

に従う．

6.2 曖昧な信念の改訂

前節では確率的な信念の改訂と動学的整合性との関係を見たが，では，曖昧な信念はどうだろうか？　ここでは multiple-priors 期待効用理論に即して考えよう．

真っ先に考えつくことは，主観的信念に属する確率分布をそれぞれベイズ改訂して，条件付き確率分布の集合を得ることだが，これをそのままやると次のような問題がある．

例 11. 2つのコインがあり，これらの出目は完全相関しているかもしれないし完全逆相関しているかもしれないし，その間もすべて可能だとする．ただし，1つ目の出目の事前確率は半々，2つ目の出目の事前確率も半々だということが知られている．

このとき，もし1つ目のコインの出目が表だとわかったとしよう．すると，もし1つ目と2つ目が完全相関しているならば，2つ目の出目が表である条件付き確率は1である．一方，もし1つ目と2つ目が完全逆相関しているならば，2つ目の出目が表である条件付き確率は0である．そしてその間もすべて可能なので，1つ目の出目が表だとわかった途端に2つ目の出目の確率分布は一切わからなくなってしまう．

ここで

A：1つ目の出目が表なら 10,000 円

B：確実な 5,000-ε 円

のような選択問題を考え，簡単化のため危険中立を仮定すると，事前には A のほうが望ましいにかかわらず 1 枚目の出目がわかると B のほうが望ましい，という選好逆転が生ずる．つまり動学的不整合性に直面する．

以下では Epstein and Schneider（2003）（以下，ES）に従い，動学的整合性と両立する曖昧な信念とその改訂を与えよう．ES のモデルは，状態集合 Ω の分割 $\{E_1, \cdots, E_n\}$ を考える．つまり，事象の構造が限定されており，任意の事象を考えているのではない．というのも，任意の事象について動学

第 6 章 危険と不確実性のもとでの意思決定

的整合性を課したならば，Ghirardato の上の議論により事象分離性が導かれてしまい，信念の曖昧さの余地が許容されないからである．

事前の選好は再び $\succsim$ と表記し，各 E_k が明らかになった後での条件付き選好を $\succsim_{E_k}$ と表記する．

また，帰結主義：

$$fE_kh \sim_{E_k} fE_kh', \quad k=1,\cdots,n$$

は保持する．このとき動学的整合性は，あらゆる f,g について，

もしすべての k について $f \succsim_{E_k} g$ ならば $f \succsim g$ である．

が成り立つことを言う．

ES は，動学的整合性と両立する主観的信念の集合は次のような性質を満たしていなければならないことを示した．

定義 5. 所与の情報構造 $\{E_k\}_{k=1}^n$ について，信念集合の継列 $P, \{P_{E_k}\}_{k=1}^n$ が「矩形」であるとは，

$$P = \left\{ \sum_{k=1}^n p(E_k)p_{E_k} : p \in P,\ p_{E_k} \in P_{E_k},\ k=1,\cdots,n \right\}$$

が成り立つことを言う．

先の例は矩形性を満たさないことに注意しよう．

ES の結果は以下のとおりである．

定理 5. 以下の 2 命題は同値である．
(i) $\succsim, \{\succsim_{E_k}\}_{k=1}^n$ が帰結主義，GS 理論および動学的整合性を満たす．
(ii) $\succsim$ は

$$U(f) = \min_{p \in P} \sum_{\omega \in \Omega} u(f(\omega))p(\omega)$$

の形式で表現され，各 k について，$\succsim_{E_k}$ は

$$U_{E_k}(f) = \min_{p_{E_k} \in P_{E_k}} \sum_{\omega \in E_k} u(f(\omega)) p_{E_k}(\omega)$$

の形式で表現され，そこでは $(P, \{P_{E_k}\}_{k=1}^n)$ は矩形である．また，U と $\{U_k\}_{k=1}^n$ とは再帰的形式

$$U(f) = \min_{p \in P} \sum_{k=1}^n U_{E_k}(f) p(E_k)$$

を満たす．

【参考文献】

林貴志 (2013) 『ミクロ経済学（増補版）』ミネルヴァ書房.

Anscombe, F. J. and Aumann, R. J. (1963) "A Definition of Subjective Probability," *Annals of Mathematical Statistics*, Vol. 34–1, pp. 199–205.

Diamond, P. A. (1967) "Cardinal Welfare, Individualistic Ethics, and Interpersonal Comparison of Utility: Comment," *Journal of Political Economy*, Vol. 75–5, p. 765.

Ellsberg, D. (1961) "Risk, Ambiguity, and the Savage Axioms," *Quarterly Journal of Economics*, Vol. 75–4, pp. 643–669.

Epstein, L. G. and Schneider, M. (2003) "Recursive Multiple-priors," *Journal of Economic Theory*, Vol. 113–1, pp. 1–31.

Fishburn, P. C. (1970) *Utility Theory for Decision Making*, No. RAC-R-105. Research Analysis Corp Mclean Va.

Gajdos, T., Hayashi, T., Tallon, J.-M. and Vergnaud, J.-C. (2008) "Attitude toward Imprecise Information," *Journal of Economic Theory*, Vol. 140–1, pp. 27–65.

Ghirardato, P. (2002) "Revisiting Savage in a Conditional World," *Economic Theory*, Vol. 20–1, pp. 83–92.

Gilboa, I. and Schmeidler, D. (1989) "Maxmin Expected Utility with Non-unique Prior," *Journal of Mathematical Economics*, Vol. 18–2, pp. 141–153.

Hayashi, T. and Wada, R. (2010) "Choice with Imprecies Imformation: An Experimental Approach," *Theory and Decision*. Vol. 69–3, pp. 355–373.

第6章 危険と不確実性のもとでの意思決定

Klibanoff, P., Marinacci, M. and Mukerji, S. (2005) "A Smooth Model of Decision Making under Ambiguity," *Econometrica*, Vol. 73–6, pp. 1849–1892.

Kreps, D. M. and Porteus, E. L. (1978) "Temporal Resolution of Uncertainty and Dynamic Choice Theory," *Econometrica*, Vol. 46–1, pp. 185–200.

Machina, M. J. (1989) "Dynamic Consistency and Non-expected Utility Models of Choice under Uncertainty," *Journal of Economic Literature*, Vol. 27–4, pp. 1622–1668.

Mas-Colell, A., Whinston, M. D. and Green, J. R. (1995) *Microeconomic Theory*, Oxford University Press.

Savage, L. (1972) *The Foundations of Statistics*, Dover Publications.

Schmeidler, D. (1989) "Subjective Probability and Expected Utility without Additivity," *Econometrica*, Vol. 57–3, pp. 571–587.

Skiadas, C. (1997) "Subjective Probability under Additive Aggregation of Conditional Preferences," *Journal of Economic Theory*, Vol. 76–2, pp. 242–271.

第7章
空港到着枠の再編成マッチング

大谷秀平・坂井豊貴

1 はじめに

　本章では，Schummer and Vohra（2013）が初めて本格的にメカニズムデザインのアプローチで考察した，空港到着枠の再編成マッチング問題を紹介する．彼らの提案したモデルはかなり込み入っており，初学者が理解するのは決して容易ではない．ここでは例に基づき，彼らの考察した問題と，コンプレッション・アルゴリズムとTCアルゴリズムというふたつの有力な再編成方法を紹介する．これらの詳細を理解するためには彼らの論文にあたる必要があるが，本章で基本的なアイデアは摑めるはずである．

2 到着スケジュールの組み替え

　当たり前のことだが，飛行機が安全に着陸するためには，空港の滑走路を一定の時間，占有して使う必要がある．ほかの飛行機が同時に使うと衝突してしまうからだ．そして空港の滑走路は本数が限られているので，滑走路は時間帯で区切って利用するのが通常である．こうした使用権のことを本章では到着枠と呼ぶ．また，到着枠とそれを用いる航空便の組み合わせのことをスケジュールと呼ぶことにする．

　さて，スケジュールが定まっているとしても，そのとおりに運航できると

は限らない．天候の影響を受けるからだ．例えば，ある空港の本来のスケジュールが表のとおりであったとしよう．

到着時刻	航空便	航空会社
8:01	b_1	B
8:02	a_2	A
8:03	a_3	A
8:04	c_4	C
8:05	b_5	B
8:06	a_6	A
8:07	c_7	C
8:08	c_8	C
8:09	b_9	B
8:10	c_{10}	C
8:11	a_{11}	A
8:12	b_{12}	B
8:13	c_{13}	C
8:14	b_{14}	B
8:15	c_{15}	C

しかしここで，この空港を豪雨が襲ったとする．すると視界不良のため管制が難しくなり，安全性を確保するために到着枠の数を制限する必要が出てくる．例えばいま使用可能な到着枠は，到着時刻 8:01, 8:04, 8:07, 8:10, 8:13 に対応する5つだけとなったとしよう．このときスケジュールを再編成する必要が生じる．

第7章　空港到着枠の再編成マッチング

到着時刻	航空便	航空会社
8:01	b_1	B
−	a_2	A
−	a_3	A
8:04	c_4	C
−	b_5	B
−	a_6	A
8:07	c_7	C
−	c_8	C
−	b_9	B
8:10	c_{10}	C
−	a_{11}	A
−	b_{12}	B
8:13	c_{13}	C
−	b_{14}	B
−	c_{15}	C

　スケジュール再編成のために，アメリカ連邦航空局はグラウンド・ディレイ・プログラムという方式を用いている[1]．この方式のもとでは，まず最初にラション・バイ・スケジュールという手法を用いる．この手法は，本来のスケジュールでの到着時刻が早い順に，航空便に新たな到着枠を割り当てていくものだ．いまの例だと，本来なら一番早い8:01を得ていたb_1に一番早い8:01を，本来なら二番目に早い8:02を得ていたa_2に二番目に早い8:04を，といった具合である．ラション・バイ・スケジュールを行った後のスケジュールは次のようになる．

到着時刻	航空便	航空会社	到着可能時刻
8:01	b_1	B	8:01
8:04	a_2	A	8:02
8:07	a_3	A	8:03
8:10	c_4	C	8:04
8:13	b_5	B	8:05

---

[1] この方式は悪天候がしばらくの間続くと予報される何時間か前に実施される．

このスケジュールに載っていない航空便はすべて飛行がキャンセルされる．また，載っている航空便についても全体的に遅延が生じている．

さて，ここで航空便 a_2 の到着が10分遅れることになったとしよう．

到着時刻	航空便	航空会社	到着可能時刻
8:01	b_1	B	8:01
8:04	a_2	A	8:02 → **8:12**
8:07	a_3	A	8:03
8:10	c_4	C	8:04
8:13	b_5	B	8:05

すると a_2 の到着可能時刻は 8:12 になるので，ラション・バイ・スケジュールにより割り当てられた到着枠 8:04 を使うことはできない．こうしたムダを解消するために，連邦航空局は各航空会社に対して，自社内で到着枠を入れ替えたり欠航にしたりすることを認めている．例えばここだと航空会社 A は a_2 と a_3 を入れ替えることが考えられる．

到着時刻	航空便	航空会社	到着可能時刻
8:01	b_1	B	8:01
8:04	**a_3**	A	**8:03**
8:07	**a_2**	A	**8:12**
8:10	c_4	C	8:04
8:13	b_5	B	8:05

しかしこの入れ替えを行うと，航空便 a_3 は 8:04 に間に合うものの，a_2 は 8:07 に間に合わない．とすると航空便 a_2 はやむなく欠航ということになり，スケジュールは次のようになる．

到着時刻	航空便	航空会社	到着可能時刻
8:01	b_1	B	8:01
8:04	a_3	A	8:03
8:07	—	A	—
8:10	c_4	C	8:04
8:13	b_5	B	8:05

これによりスケジュールは実行可能になった．ところがいま a_2 の欠航によって空枠となった 8:07 を，それよりも遅い到着枠を割り当てられている c_4 と b_5 が使うことができる．そして各航空会社は，すでにラション・バイ・スケジュールで遅延を余儀なくされているから，自社便の遅延を少しでも縮めたい．例えば航空会社 C は c_4 を，航空会社 B は b_5 を 8:07 に到着させたいわけだ．

そこでグラウンド・ディレイ・プログラムでは，この事態を改善するためにコンプレッション・アルゴリズムというものを用いている．詳細は次節で述べるが，いまの例だとこの手法は，空枠に対して，それに間に合う航空便のうち最も早い到着時刻の枠を持つものに割り当てる．空枠 8:07 に対して間に合う航空便は c_4 と b_5 だが，c_4 のほうが b_5 より早い枠 8：10 を持っているので，コンプレッション・アルゴリズムは c_4 を 8:07 へと移し，そしてそれにより空いた 8:10 へと b_5 を移す．

到着時刻	航空便	航空会社	到着可能時刻
8:01	b_1	B	8:01
8:04	a_3	A	8:03
8:07	c_4	C	8:04
8:10	b_5	B	8:05
8:13	–	A	–

つまりグラウンド・ディレイ・プログラムは

第一ステップ　ラション・バイ・スケジュール
第二ステップ　各社内での調整
第三ステップ　コンプレッション・アルゴリズム

という一連の手続きによって，ムダな空きが出ないよう実行可能なスケジュールを編成するわけだ[2]．ただし第二ステップと第三ステップを合わせてコンプレッション・アルゴリズムと考えてもかまわない．何にせよ，ラション・バイ・スケジュールを行った後の再編成を考える，というのがここ

---

[2] 実際にはこの一連の手続きを何度も繰り返していく．

で扱う問題である.

こうした問題をマッチング理論の枠組みで最初に定式化を与え，アルゴリズムのメカニズムデザイン的な分析を行ったのが Schummer and Vohra (2013) である．彼らはグラウンド・ディレイ・プログラムのもとでの，コンプレッション・アルゴリズムという既存のアルゴリズムとともに，トレード・サイクル・アルゴリズムという新たなアルゴリズムを開発して両者を比較検討した．

3 コンプレッション・アルゴリズムとコア

いまグラウンド・ディレイ・プログラムの第二ステップを終え，次の初期スケジュールになったとしよう．なお，本節では到着時刻を 8:01 や 8:02 でなく，1 や 2 のように表記している．また，到着時刻が 1 の到着枠を，到着枠 1 のように呼ぶ．

到着時刻	航空便	航空会社	到着可能時刻
1	—	A	—
2	—	B	—
3	c_3	C	1
4	b_4	B	1
5	a_5	A	2

ここでコンプレッション・アルゴリズムがどう働くか見ていこう．まず一番早い空枠 1 に着目する．これから空枠 1 よりも遅い到着枠を割り当てられている航空便のうち，空枠 1 を使えるものを探していく．

- 空枠 1 は航空会社 A が持つので，まず A の便に着目する．すると A は，到着枠 5 を割り当てられている a_5 を持つが，その到着可能時刻は 2 なので空枠 1 を使えない．
- 次に A 以外の航空会社の便に着目する．すると c_3 は到着枠 3 を割り当てられており，b_4 は到着枠 4 を割り当てられている．どちらの便も到着可能時刻が 1 なので空枠 1 を使える．

第 7 章　空港到着枠の再編成マッチング

- 航空便 c_3 のほうが b_4 より早い到着枠を割り当てられているので，c_3 を空枠 1 へと移す．そして航空会社 A は C に空枠 1 をあげる代償として，c_3 に割り当てられていた到着枠 3 をもらう．

到着時刻	航空便	航空会社	到着可能時刻
1	c_3	C	1
2	—	B	—
3	—	A	—
4	b_4	B	1
5	a_5	A	2

次は新たに空枠となった到着枠 3 に着目する．先ほどと同様に，空枠 3 よりも遅い到着枠を割り当てられている航空便のうち，空枠 3 を使えるものを探していく．

- 空枠 3 は航空会社 A が持つので，まず A の便に着目する．すると A は，到着枠 5 を割り当てられている a_5 を持っており，その到着可能時刻は 2 なので空枠 3 を使える．
- 航空便 a_5 を空枠 3 へと移す．

到着時刻	航空便	航空会社	到着可能時刻
1	c_3	C	1
2	—	B	—
3	a_5	A	**2**
4	b_4	B	1
5	—	A	—

そして新たに空枠となった到着枠 5 に着目する．しかし空枠 5 は最も遅い到着枠だから，それよりも遅い到着枠を割り当てられている航空便は存在しない．よって，到着枠 5 は空枠として確定する．

次に空枠 2 に着目する．これから空枠 2 よりも遅い到着枠を割り当てられている航空便のうち，空枠 2 を使えるものを探していく．

- 空枠 2 は航空会社 B が持つので，まず B の便に着目する．すると B は，

到着枠 4 を割り当てられている b_4 を持っており，その到着可能時刻は 1 だから空枠 2 を使うことができる．
- 航空便 b_4 を空枠 2 へと移す．

到着時刻	航空便	航空会社	到着可能時刻
1	c_3	C	1
2	$\boldsymbol{b_4}$	$\boldsymbol{B}$	**1**
3	a_5	A	2
4	−	B	−
5	−	A	−

次に新たに空枠となった到着枠 4 に着目する．しかし空枠 4 より遅い到着枠の航空便は存在しないので，到着枠 4 は空枠として確定する．ここでコンプレッション・アルゴリズムは終了し，最終的に次のスケジュールが定まる．

到着時刻	航空便	航空会社	到着可能時刻
1	c_3	C	1
2	b_4	B	1
3	a_5	A	2
4	−	B	−
5	−	A	−

このスケジュールをコンプレッション・スケジュールと呼ぼう．

Schummer and Vohra（2013）はコンプレッション・スケジュールの望ましくない点を指摘しているが，それを考察するために次のスケジュールを見てみよう．

到着時刻	航空便	航空会社	到着可能時刻
1	b_4	B	1
2	a_5	A	2
3	c_3	C	1
4	−	B	−
5	−	A	−

便宜上，このスケジュールを **TC** スケジュールと呼ぼう．さて，初期スケ

第7章 空港到着枠の再編成マッチング

ジュールは

到着時刻	航空便	航空会社	到着可能時刻
1	−	A	−
2	−	B	−
3	c_3	C	1
4	b_4	B	1
5	a_5	A	2

であったことを想起されたい．初期スケジュールとTCスケジュールを比べると，初期スケジュールのもとで航空会社 A と B が到着枠1と2を交換して a_5 と b_4 を配置させるとTCスケジュールが得られることに気づく．

さらにTCスケジュールのもとでは次の事実が成り立っている．

- 航空便 a_5 は，コンプレッション・スケジュールで得られる到着枠3よりも早い到着枠2を得る．
- 航空便 b_4 は，コンプレッション・スケジュールで得られる到着枠2よりも早い到着枠1を得る．

つまり航空会社 A と B は，自分たちだけの交換で，コンプレッション・アルゴリズムの結果よりも望ましいスケジュールを作れるのだ．この意味でコンプレッション・アルゴリズムは，航空会社 A と B の，到着枠の所有権に基づく交換の権利を必ずしも尊重してはいない．

では航空会社の所有権を強く尊重するようなスケジュールとはどのようなものか．Schummer and Vohra (2013) は，協力ゲームで言うコアに属するスケジュール，コアスケジュールをそうだと考えている．そしてコアスケジュールとは，いまの例での航空会社 A と B のように「コンプレッション・スケジュールよりも，自分たちで交換して得られるTCスケジュールのほうがよい」といった，航空会社のグループが一切存在しないスケジュールのことだ．

4 トレード・サイクル・アルゴリズム

Schummer and Vohra (2013) は常にコアスケジュールを導くアルゴリズムを開発した[3]．それがトレード・サイクル・アルゴリズム（以下，TC アルゴリズム）である．次の例を考えてみよう．

到着時刻	航空便	航空会社	到着可能時刻
1	—	C	—
2	a_2	A	1
3	b_3	B	2
4	—	A	—
5	d_5	D	2
6	b_6	B	3
7	c_7	C	5
8	d_8	D	4
9	a_9	A	8

TC アルゴリズムは図を用いると理解しやすい．そこで以下では図を描きながらその仕組みを見てみよう．航空便を●で，到着枠を○で表す．到着枠の横には，その到着枠を初期保有する航空会社の名前を書く．

$$
\begin{array}{cccc}
C & A & & B \\
1 & a_2\ 2 & b_3 & 3 \\
\circ & \bullet\ \circ & \bullet & \circ
\end{array}
$$

$A9\ \circ \qquad\qquad \circ\ 4\,A$

$a_9\ \bullet \qquad\qquad \bullet\ d_5$

$D8\ \circ \qquad\qquad \circ\ 5\,D$

$$
\begin{array}{cccc}
\bullet & \circ & \bullet & \circ & \bullet \\
d_8 & 7 & c_7 & 6 & b_6 \\
 & C & & B &
\end{array}
$$

---

[3] このアルゴリズムの源流は，デヴィッド・ゲールが開発したトップ・トレーディング・サイクル・アルゴリズムである（Shapley and Scarf 1974）．

第7章　空港到着枠の再編成マッチング

ラウンド1

- 航空便から自分が使用可能な到着枠のうち最も早いものへと矢印を引く．例えば a_2 は到着可能時刻が1なので，到着枠1へと矢印を引く．

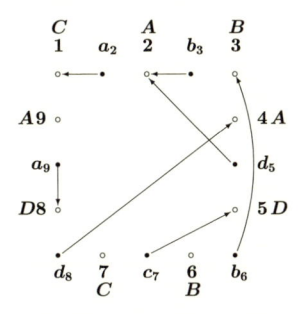

- 最初のスケジュールで空枠でなかった到着枠については，その到着枠を得ていた航空便へと矢印を引く．例えば到着枠2は a_2 が初めに割り当てられていたので，到着枠2から a_2 へと矢印を引く．

- 最初のスケジュールで空枠だった到着枠については，その到着枠を持つ航空会社の便のうち，最も早い到着枠を得ていたものへと矢印を引く．例えば到着枠1は空枠だったので，それを持つ航空会社 C の便のうち，初めに最も早い到着枠7を得ていた c_7 へと矢印を引く．

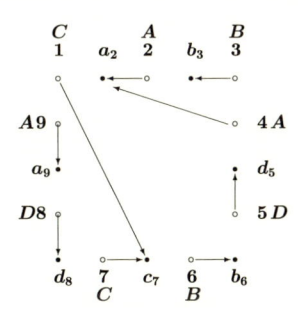

177

- 形成されたサイクルの中で交換を行う．サイクルに属する航空便は矢印の指す到着枠へと移される．ここでは a_2 を到着枠 1 へ，d_5 を到着枠 2 へ，c_7 を到着枠 5 へと移す．

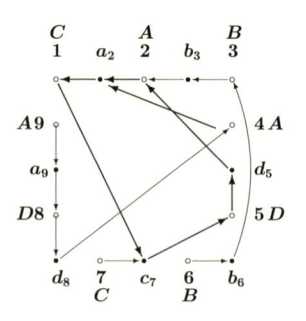

- サイクルを形成してマッチした到着枠と航空便のペアはこの場から退出する．どのサイクルにも含まれなかった到着枠と航空便は次のラウンドにも残る．

第7章　空港到着枠の再編成マッチング

ラウンド2

- この場に残っている航空便から，この場に残っている使用可能な到着枠のうち，最も早いものへと矢印を引く．例えば b_3 は到着可能時刻が2なので，到着枠3が，この場に残っている使用可能な到着枠のうち最も早いものである．そこで b_3 から到着枠3へと矢印を引く．

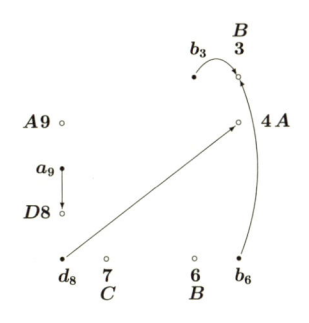

$$
\begin{array}{ccccc}
& & & B & \\
& & & b_3 \; 3 & \\
& & & & \\
A\,9 & & & & 4\;A \\
& a_9 & & & \\
& D\,8 & & & \\
& & & & \\
& d_8 & 7 & 6 & b_6 \\
& & C & B & \\
\end{array}
$$

- 最初のスケジュールで割り当てられていた航空便がこの場に残っている到着枠については，その便へと矢印を引く．例えば到着枠3は，初めに割り当てられていた b_3 がこの場に残っているので，到着枠3から b_3 へと矢印を引く．
- 最初のスケジュールで空枠だった到着枠，または割り当てられていた航空便がこの場からすでに退出している到着枠については
  - その到着枠を持つ航空会社の便が残っているならば，その中で最も早い到着枠を得ていたものへと矢印を引く．例えば到着枠4は空枠だったので，航空会社 A の残っている便のうち，初めに最も早い到着枠9を得ていた a_9 へと矢印を引く．
  - その到着枠を持つ航空会社の便がすべてこの場から退出しているならば，この場に残っている航空便の中で最も早い到着枠を得ていたものへと矢印を引く．例えば到着枠7は，初めに割り当てられていた c_7 が退出してしまったうえに，航空会社 C の便もすべて退出してしまっている．よってこの場に残っている航空便のうち，初めに最も早い到着枠3を得ていた b_3 へと矢印を引く．

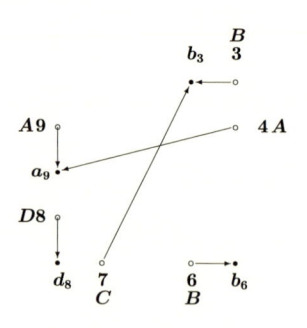

- 形成されたサイクルの中で交換を行う．サイクルに属する航空便は矢印の指す到着枠へと移される．ここでは b_3 を到着枠 3 へ，d_8 を到着枠 4 へ，a_9 を到着枠 8 へと移す．

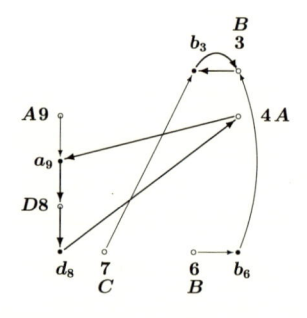

- サイクルを形成してマッチした到着枠と航空便のペアはこの場から退出する．どのサイクルにも含まれなかった到着枠と航空便は次のラウンドにも残る．

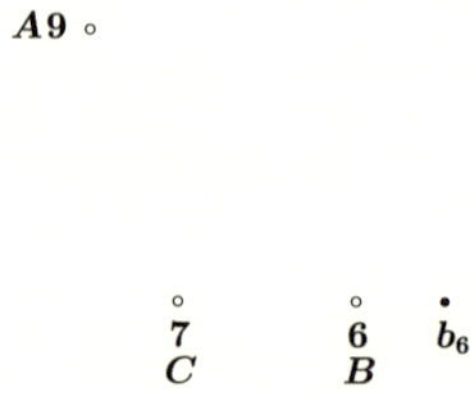

$A9$ 。

第 7 章　空港到着枠の再編成マッチング

ラウンド 3

- この場に残っている航空便から，この場に残っている使用可能な到着枠のうち，最も早いものへと矢印を引く．航空便 b_6 は到着可能時刻が 3 なので，到着枠 6 が，この場に残っている使用可能な到着枠のうち最も早いものである．そこで b_6 から到着枠 6 へと矢印を引く．
- この場に残っている到着枠から，この場に残っている航空便へと矢印を引く．ここでは航空便が b_6 しか残っていないため，すべての到着枠から b_6 へと矢印を引く．
- 形成されたサイクルの中で交換を行う．サイクルに属する航空便は矢印の指す到着枠へと移される．ここでは b_6 を到着枠 6 へと移す．

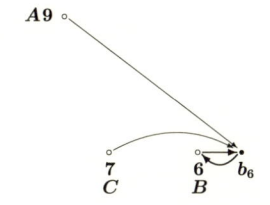

$A9$

$\begin{matrix} 7 & 6 & b_6 \\ C & B & \end{matrix}$

- サイクルを形成してマッチした到着枠と航空便のペアはこの場から退出する．ここで TC アルゴリズムは終了する．

$A9$

$\begin{matrix} 7 \\ C \end{matrix}$

181

最終的に TC アルゴリズムが導くスケジュールは次のとおりである.

到着時刻	航空便	航空会社	到着可能時刻
1	a_2	A	1
2	d_5	D	2
3	b_3	B	2
4	d_8	D	4
5	c_7	C	5
6	b_6	B	3
7	—	—	—
8	a_9	A	8
9	—	—	—

このスケジュールは,航空会社 A, C, D のグループの中の交換だけで実現されたスケジュールである.そしてこの例に限らず常に,TC アルゴリズムが導くスケジュールは必ずコアスケジュールになっている.なお,前節の例で天下り式に与えた TC スケジュールは,TC アルゴリズムで求めることができる.

5 おわりに

アルゴリズムを用いる連邦航空局は,スケジュール編成に必要な航空便の遅延や欠航といった情報を,航空会社から集める必要がある.そして航空会社が正直に情報を提供する誘因を持つかという問題は,メカニズムデザイン上の大きな課題である.Schummer and Vohra (2013) は,コンプレッション・アルゴリズムも TC アルゴリズムも遅延に関する情報提供で誘因両立性を満たす一方,欠航に関してはそうでないことを示している.また,Schummer and Abizada (2013) はこうした誘因両立性条件と,効率性やコアなど他の諸性質がどこまで両立可能かを調べ,完全な両立は困難であることを示している.しかし空港到着枠のマッチング問題において,どの誘因両立性条件がどの程度重要なのか,またそもそもラション・バイ・スケジュール後のマッチングに限って考察を進めるのが適切なのかといった基本的な事

柄についても，依然，統一的な見解はない．これらの課題はメカニズムデザイン理論のフロンティアに位置しており，今後の進展と将来の実用化が期待される．

【謝辞】
　坂井豊貴の研究の一部は科研費（24220003）の援助を受けており，ここに記して感謝する．

【参考文献】
Schummer, J. and Abizada, A. (2013) "Incentives in Landing Slot Problems," mimeo, Northwestern University.
Schummer, J. and Vohra, R. V. (2013) "Assignment of Arrival Slots," *American Economic Journal: Microeconomics*, Vol. 5–2, pp. 164–185.
Shapley, L. and Scarf, H. (1974) "On Cores and Indivisibility," *Journal of Mathematical Economics*, Vol. 1–1, pp. 23–37.

索　引

あ行
アノマリー　110
意思決定問題　65
意思決定ルール　80
インターネット広告プラットフォーム　86
ヴィックリーオークション　58
受入補償額（WTA）　103
オークション　17

か行
確実性同値　131
確率可能性集合　156
確率的選択ルール　70
仮想評価法（CVM）　102
価値評価関数　21
環境評価　99
　——手法　99, 101
帰結主義　137, 138, 163
危険　129
　——愛好　130
　——回避　130
　——中立　130
期待効用表現　133
期待効用理論　129, 130
極値点　94
切り詰め戦略　31
均一価格オークション　56
均衡同値性　37
金銭移転関数　4
矩形　163
くじ　133
グラウンド・ディレイ・プログラム　169
グラフの凸包　75
グローヴスメカニズム　8

決定関数　4
限界貢献度　25
顕示原理　70
顕示選好法　100, 101
コア　20
　——スケジュール　175
　——選択的　54
国債市場　45
コンジョイント分析　106
コンプレッション・アルゴリズム　171
コンプレッション・スケジュール　174
コンベンショナル方式　49, 55

さ行
最適シグナル　68
サンクトペテルスブルクの逆理　130
シグナル　66
　——表示　66
　——分布　66
事後予想　67
　——の分布　73
質的確率　139
支払意思額（WTP）　103, 106, 110
支払許容額　92
市民選好　111, 115, 117
収益同値定理　53
熟議型貨幣評価（DMV）　115
熟議民主主義　115
需要削減　57
準線形環境　2
消費者選好　111
初期スケジュール　172
スケジュール　167
スタイナー点　158
スペイン式オークション　57

整合性条件　74
セグメンテーション　92
選好　110, 115
　　——形成　116
選択実験　108
相互依存価値　54

た行
第三種価格差別　91
耐戦略性　5, 18
代替性　17
多段階くじ　137
ダッチ方式　50, 56
中位上限オークション　59
提携　20
　　——値関数　22
動学的（不）整合性　135, 136, 159
到着枠　167
独立性　134
トレード・サイクル（TC）・アルゴリズム　176

な行
2階の信念　154
入札者最適コア　34
入札者劣モジュラー　26

は行
バイアス　107, 110
配分　21
パッケージ　17
パレート効率的　4
非加法的主観的期待効用理論　152
ビッド支払いオークション　55
ピボタルメカニズム　9
表明選考法　100, 101
ビリーフデザインアプローチ　72
フォン・ノイマン＝モルゲンシュテルンインデクス　131
不確実性　129
複数財オークション　17

不正確さ回避度　157
フリーライダー問題　39
ブロック　22
ベイズ改訂　159
ベイズ相関均衡（BCE）　81
ベイズルール　67
補完性　17
ホルストロームの定理　13

ま・ら行
無差別条件　94
メカニズム　4, 17
　　——デザインアプローチ　69
誘因両立条件　71
ラション・バイ・スケジュール　169
ランダム効用モデル　104, 109
利用（非利用）価値　101, 102

欧文
Allaisの逆理　136
Anscombe＝Aumann行為　147
Anscombe＝Aumannの主観的期待効用理論　147
BCE　81
CVM　102
Diamondの反例　137
DMV　115
Ellsbergの逆理　151
Machinaの母　138
multiple-priors主観的期待効用理論　153, 161
Savage行為　141
Savageの主観的期待効用理論　139
TCアルゴリズム　176
TCスケジュール　174
VCGオークション　58
VCG配分　26
VCGメカニズム　17
VCG利得　25
WTA　103
WTP　103, 106, 110

執筆者紹介

坂井豊貴（さかい とよたか）〔編者・1章・3章・7章〕
奥付編者紹介を参照.

佐野隆司（さの りゅうじ）〔2章〕
京都大学経済研究所助教授
1983年生まれ．東京大学大学院経済学研究科博士課程修了．博士（経済学）．大阪大学社会経済研究所講師を経て，2013年より現職．
主な著作に，"Vickrey-reserve auctions and an equilibrium equivalence," *Mathematical Social Sciences* (2013), "Non-bidding equilibrium in an ascending core-selecting auction," *Games and Economic Behavior* (2012) など.

池邉暢平（いけべ ようへい）〔3章〕
日本銀行勤務
1992年生まれ．2014年慶應義塾大学経済学部卒業．

田村　彌（たむら わたる）〔4章〕
東京大学大学院経済学研究科特任講師
1986年生まれ．大阪大学大学院経済学研究科修了（経済学博士）．2013年より現職．
主な著作に，"Auction platform design and the linkage principle," CARF Working Paper F-330, "Optimal monetary policy and transparency under informational frictions," CARF Working Paper F-329 など.

柘植隆宏（つげ たかひろ）〔5章〕
甲南大学経済学部教授
1976年生まれ．博士（経済学）神戸大学．高崎経済大学講師，甲南大学准教授を経て，2014年より現職．
主な著作に，『初心者のための環境評価入門』（勁草書房 2013，栗山浩一氏・庄子康氏との共著），『環境評価の最新テクニック：表明選好法・顕示選好法・実験経済学』（勁草書房 2011，栗山浩一氏・三谷羊平氏との共編著）など.

林　貴志（はやし たかし）〔6章〕
グラスゴー大学アダム・スミス・ビジネススクール経済学教授
1974年生まれ．ロチェスター大学 Ph.D.（経済学）．
テキサス大学オースティン校助教授を経て 2012 年より現職．
主な著作に，『ミクロ経済学』（ミネルヴァ書房 2007，増補版 2013），"Preference aggregation with incomplete information," *Econometrica*（共著，近刊），"Smallness of a commodity and partial equilibrium analysis," *Journal of Economic Theory* (2013)，"Attitude toward imprecise information," *Journal of Economic Theory*（共著，2008），"Regret aversion and opportunity dependence," *Journal of Economic Theory* (2008) など．

大谷秀平（おおたに しゅうへい）〔7章〕
慶應義塾大学大学院経済学研究科修士課程
1989年生まれ．2014 年慶應義塾大学経済学部卒業．
主な著作に，"Strategy-proof reassignment of arrival slots," mimeo, (2014)，"Axiomatizations of Vickrey auctions with non-quasi-linear preferences: a unified approach (with Toyotaka Sakai)," mimeo, (2013) など．

編者紹介

坂井豊貴（さかい とよたか）
慶應義塾大学経済学部教授
1975年生まれ．ロチェスター大学Ph.D.（経済学）．横浜市立大学，横浜国立大学，慶應義塾大学の准教授を経て，2014年より現職．国際学術誌に論文多数．
単著：
『マーケットデザイン入門——オークションとマッチングの経済学』
　　（ミネルヴァ書房 2010）
『マーケットデザイン——最先端の実用的な経済学』（ちくま新書 2013）
『社会的選択理論への招待——投票と多数決の科学』（日本評論社 2013）

メカニズムデザインと意思決定のフロンティア

2014年5月30日　初版第1刷発行

編著者―――― 坂井豊貴
発行者―――― 坂上　弘
発行所―――― 慶應義塾大学出版会株式会社
　　　　　　〒108-8346 東京都港区三田2-19-30
　　　　　　TEL〔編集部〕03-3451-0931
　　　　　　　　〔営業部〕03-3451-3584〈ご注文〉
　　　　　　　〔　〃　〕03-3451-6926
　　　　　　FAX〔営業部〕03-3451-3122
　　　　　　振替 00190-8-155497
　　　　　　http://www.keio-up.co.jp/
装　丁―――― 後藤トシノブ
印刷・製本―― 株式会社啓文堂
カバー印刷―― 株式会社太平印刷社

　　　　©2014　Toyotaka Sakai, Ryuji Sano, Yohei Ikebe,
　　　　　　　Wataru Tamura, Takahiro Tsuge, Takashi Hayashi,
　　　　　　　Shuhei Otani
　　　　Printed in Japan　ISBN 978-4-7664-2144-6

慶應義塾大学出版会

経済変動の進化理論

リチャード・R・ネルソン、シドニー・G・ウィンター著/後藤晃・角南篤・田中辰雄訳　20世紀後半を代表する経済学〈現代の古典〉の翻訳。「進化理論」を基に経済・社会のダイナミックな変動の解明のための理論を構築し、社会科学の新しいプラットフォームを提示する。　◎5,600円

理論経済学の復権

小澤太郎・グレーヴァ香子・中村慎助編　理論経済学をバックグラウンドにもった実務家による、現代の経済問題の分析と、実務を視野に入れた経済学者の提言(ゲーム理論の有効性)。ミクロ経済学とゲーム理論の基本概念と、経済問題への応用を学ぶテキスト。　◎3,200円

経済戦略のためのモデル分析入門

藤田康範著　政府の関税政策やCO_2排出割当政策、さらに企業のSWOT分析や海外移転戦略など経済・経営課題の具体的な意思決定をとりあげ、戦略立案の考え方と手法を分かりやすく解説する。　◎2,800円

統計学基礎講義

秋山裕著　社会事象の分析ツールや経済理論モデルの基礎として重要な統計学を、最短距離で学べる中級教科書。実証分析の中心である回帰分析を軸に最短での理解を目指す。表計算ソフトの使い方、練習問題の懇切な解説付き。　◎3,500円

確率の出現

イアン・ハッキング著/広田すみれ・森元良太訳　イアン・ハッキングの出世作、待望の邦訳！　フーコーの考古学の手法を用い、確率の「出現」を1660年前後の10年間に起こった歴史的必然として、医学などとの関わりの深いその前史から鮮やかに描き出す。確率の本質に迫る好著。　◎3,800円

表示価格は刊行時の本体価格(税別)です。